essentials

essentials liefern aktuelles Wissen in konzentrierter Form. Die Essenz dessen, worauf es als „State-of-the-Art" in der gegenwärtigen Fachdiskussion oder in der Praxis ankommt. *essentials* informieren schnell, unkompliziert und verständlich

- als Einführung in ein aktuelles Thema aus Ihrem Fachgebiet
- als Einstieg in ein für Sie noch unbekanntes Themenfeld
- als Einblick, um zum Thema mitreden zu können

Die Bücher in elektronischer und gedruckter Form bringen das Expertenwissen von Springer-Fachautoren kompakt zur Darstellung. Sie sind besonders für die Nutzung als eBook auf Tablet-PCs, eBook-Readern und Smartphones geeignet. *essentials:* Wissensbausteine aus den Wirtschafts-, Sozial- und Geisteswissenschaften, aus Technik und Naturwissenschaften sowie aus Medizin, Psychologie und Gesundheitsberufen. Von renommierten Autoren aller Springer-Verlagsmarken.

Weitere Bände in dieser Reihe http://www.springer.com/series/13088

Marco Dräger

Denkmäler für Deserteure

Ein Überblick über ihren Einzug in die Erinnerungskultur

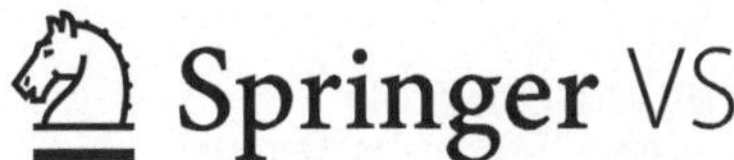 Springer VS

Dr. Marco Dräger
Georg-August-Universität Göttingen
Göttingen, Deutschland

ISSN 2197-6708   ISSN 2197-6716   (electronic)
essentials
ISBN 978-3-658-18397-4   ISBN 978-3-658-18398-1   (eBook)
DOI 10.1007/978-3-658-18398-1

Die Deutsche Nationalbibliothek verzeichnet diese Publikation in der Deutschen Nationalbibliografie; detaillierte bibliografische Daten sind im Internet über http://dnb.d-nb.de abrufbar.

Gedruckt auf säurefreiem und chlorfrei gebleichtem Papier

Springer VS ist Teil von Springer Nature
Die eingetragene Gesellschaft ist Springer Fachmedien Wiesbaden GmbH
Die Anschrift der Gesellschaft ist: Abraham-Lincoln-Str. 46, 65189 Wiesbaden, Germany

Was Sie in diesem *essential* finden können

- Den Umgang mit den Wehrmacht-Deserteuren im „Dritten Reich" und in der Bundesrepublik Deutschland
- Den Wandel des Deserteur-Bildes und des Diskurses über Desertion in der Bundesrepublik Deutschland sowie die historisch-politischen und sozialen Rahmenbedingungen, unter denen sich dieser Wandel vollzog
- Die Begründung für die Errichtung von Deserteur-Denkmälern, ihre Chronologie sowie ihre Rezeption

Inhaltsverzeichnis

Einleitung: Denkmäler für Deserteure — „abstruse idee" und „hypothetisches gedankenspiel"?

1

> *abstruse idee: könnte es einmal eine zeit geben, wo deserteure ein denkmal erhalten? aber das ist ein hypothetisches gedankenspiel.*

Diese Frage, die Otl Aicher 1985 stellte[1], war keineswegs neu, sondern sie stellte seit Anbeginn der Bundesrepublik einen politischen Streitpunkt dar. Denn die Opfer der Wehrmachtjustiz, allen voran die Deserteure, haben immerhin einen Anteil von ca. 0,5 bis 1 % an den im Zweiten Weltkrieg getöteten Soldaten — je nachdem, welche Gesamtopferzahl gefallener Soldaten man zugrunde legt (vgl. zu diesem Aspekt Dräger 2017a). Bereits 1953 stellte Heinrich Böll in einer Rezension zu Alfred Anderschs Bericht „Die Kirschen der Freiheit" (Andersch 1952)[2] unter der Überschrift „Wo sind die Deserteure?" folgende Fragen:

> Überall in der Welt, wo deutsche Soldaten begraben liegen, sind auch die gehenkten, die erschossenen Deserteure begraben […]. Wo sind die Eltern, sind die Freunde, die Brüder und Schwestern dieser erschossenen Deserteure, deren Leichen man auf die Schwelle des Friedens häufte? Die Ermordeten selbst können nicht mehr sprechen, sie fielen dem Tötungsrausch zum Opfer, den das Gesetz befahl, den auszuführen Henker genug bereitstanden. Die Henker leben noch, sie überleben immer — wo aber

---

[1]Aicher (1985, S.187) desertierte selbst aus der Wehrmacht und verarbeitete seine Erlebnisse und Erfahrungen literarisch.

[2]Auch Alfred Andersch und Heinrich Böll desertierten aus der Wehrmacht. Zu Heinrich Bölls Desertion aus der Wehrmacht siehe Hoffmann 1986, S. 71—77. Für Schriftsteller, die aus der Wehrmacht desertierten, siehe Kraft 1994, Nehring 2008, S. 139—153 und Tempel 2012.

© Springer Fachmedien Wiesbaden GmbH 2018
M. Dräger, *Denkmäler für Deserteure*, essentials,
DOI 10.1007/978-3-658-18398-1_1

sind die Deserteure, die ihr Leben retten konnten? Ganze Verbände der Armee sind übergelaufen, und nicht zufällig ging die Blitzniederlage des Jahres 1944 schneller vor sich als der Blitzsieg von 1940. Und wo sind die Deserteure, die sich in den zerstörten Städten verbargen, in Dörfern und Wäldern, wartend auf die Alliierten, die für sie damals wirklich Befreier waren. Die Henker sind längst auf den Plan getreten: sie hauen auf die Pauken, die Vaterland, Ehre, Kameradschaft heißen, sie trommeln tüchtig, heute, wo kein Risiko mehr ist, was in den Jahren 1945 bis 1950 riskant gewesen wäre. Die berufsmäßigen Verteidiger der Tapferkeit, der Ehre, des Vaterlandes, die natürlich überlebten, sie beginnen das große Tamtam, gallig darauf wartend, dass das einzige, das ihnen erinnerungswert erscheint, wieder an Ansehen gewinne: der Krieg. […] Die Zahl der ermordeten Deserteure ist unbekannt, sie starben auf der Schwelle des Friedens, sie gerieten in den blutigen Sog, den die Kanalratte [Alfred Andersch bezeichnet Adolf Hitler mit diesem Begriff, M. D.] veranstaltete – wo aber sind die überlebenden Deserteure, denen es gelang, ‚Die Kirschen der Freiheit' zu pflücken? […] Die Deserteure aber schwiegen. […] Es schweigen auch die Eltern, die Brüder, die Schwestern, die Freunde der erschossenen Deserteure. Haben sie Angst vor den gründlich ihnen eingeimpften Phrasen, die Fahneneid, Vaterland, Kameradschaft heißen? (Böll 1953, S. 1).

Angesichts der damaligen Diskussion über die Wiederbewaffnung der Bundesrepublik bat Böll nicht nur die überlebenden Wehrmacht-Deserteure des Zweiten Weltkrieges um Stellungnahme und politische Einmischung, sondern auch die Angehörigen der Ermordeten. Bölls Fragen blieben jedoch rund 30 Jahre lang unbeantwortet. Deserteure waren bis in die 1980er Jahre ein Tabu-Thema: Eltern, Geschwister und überlebende Deserteure selbst schwiegen, denn Desertion war nach wie vor politisch, gesellschaftlich und moralisch geächtet.

Der Historiker Bodo Scheurig äußerte 1979 noch völlig pessimistisch, dass es keine Geschichte der Desertion und der Deserteure gebe und wohl auch nicht geben werde. Eine Darstellung der Thematik dürfte aufgrund der schlechten Quellenlage ebenso scheitern wie am Desinteresse des Historikers am „gemeinen Mann" bzw. seiner Vorliebe für die Mächtigen, hinter die Deserteure als bloße „Objekte der Geschichte" zurückträten (Scheurig 1979, S. 38–39).

Der folgende Band geht den Fragen nach, wann und warum sich diese Haltung veränderte und Wehrmacht-Deserteure auf einmal geschichts- und „denkmalswürdig" wurden, unter welchen historisch-politischen und sozialen Rahmenbedingungen sich dieser Wandel vollzog und wer ihn herbeiführte. Denn das Bild der Wehrmacht-Deserteure hat sich in den letzten Jahrzehnten mehrfach gewandelt von pflichtvergessenen Vaterlandsverrätern, Drückebergern, Feiglingen und „Kameradenschweinen" über heldenhafte Vorbilder und „Friedenstauben" bis hin zur Anerkennung als Opfer der Nationalsozialisten inklusive politischer, juristischer und gesellschaftlicher Rehabilitierung. Um die Dimensionen und Bedingungen dieser bundesrepublikanischen Diskussion zu verstehen, ist zunächst eine Rückblende in die Zeit des Nationalsozialismus nötig.

Die Nationalsozialisten und die Wehrmachtjustiz

2

Nachdem die Nationalsozialisten die Ursache für die Niederlage im Ersten Weltkrieg in einer allzu laschen Militärjustiz ausgemacht zu haben glaubten, die ihrer Ansicht nach nicht energisch genug gegen „Zersetzungserscheinungen" und Desertionen vorgegangen war, verschärften sie seit der Wiedereinführung der durch den Versailler Vertrag abgeschafften Militärgerichtsbarkeit ab Mai 1933 die einschlägigen Paragrafen des Militärstrafgesetzbuches und fügten neue, weltanschauliche Straftatbestände und Verfahrensabläufe hinzu. Bereits in „Mein Kampf" hatte Adolf Hitler dargelegt, dass man als Deserteur sterben muss. Als Begründung für dieses drakonische Strafmaß führte er die „abschreckende Wirkung nicht nur für den einzelnen, sondern auch für die Gesamtheit" an, um durch die äquivalente Gefahr von Kriegstod an der Front und Tod durch kriegsgerichtliches Urteil im Falle von Fahnenflucht „schwache, schwankende oder gar feige Burschen [...] zu ihrer Pflicht" anzuhalten (Zitate aus Hitler 1927, S. 170).[1] Denn „jeder deutsche Mann" war wehrpflichtig, galt doch der Wehrdienst als „Ehrendienst am deutschen Volke"[2]. Ein Recht auf Verweigerung des Wehrdienstes und Ableistung eines Ersatzdienstes gab es nicht; den Dienst mit der Waffe für die „Volksgemeinschaft" abzulehnen wurde stattdessen als „Wehrkraftzersetzung" bestraft.[3]

---

[1]Siehe dazu auch Hartmann et al. 2016, S. 1325.

[2]Zitate aus dem Wehrgesetz vom 21. Mai 1935, § 1, abgedruckt in: Reichsgesetzblatt, Teil I, vom 22.05.1935, S. 609–614, hier S. 609.

[3]Vgl. Verordnung über das Sonderstrafrecht im Kriege und bei besonderem Einsatz (Kriegssonderstrafrechtsverordnung) vom 17.08.1938, § 5, abgedruckt in: Reichsgesetzblatt, Teil I, vom 26.08.1939, S. 1455–1457, hier S. 1456.

© Springer Fachmedien Wiesbaden GmbH 2018
M. Dräger, *Denkmäler für Deserteure*, essentials,
DOI 10.1007/978-3-658-18398-1_2

Die rund 3000 Militärjuristen setzten Hitlers Führerwort während des Zweiten Weltkrieges um und verhängten drakonische Strafen gegen Deserteure, so genannte „Wehrkraftzersetzer" und „Kriegsverräter". Die Ende August 1939 in Kraft gesetzte Kriegssonderstrafrechtsverordnung ermöglichte dies. Auf dieser aus heutiger Sicht pseudorechtlichen Grundlage wurden bis zum Ende des Zweiten Weltkrieges „niedrig angesetzt 25.000 Todesurteile" (Messerschmidt 2008, S. 453) gefällt. Von ihnen wurden zwischen 18.000 und 22.000 vollstreckt, allein ca. 15.000 an Deserteuren (Messerschmidt 2008, S. 452–453).[4] Nicht exekutierte Urteile wurden in „Frontbewährung" umgewandelt, was i. d. R. einem Todesurteil gleichkam.

---

[4]Zu den Zahlen siehe ebenfalls Paul 2003, S. 168–170.

Bestattungsvorschriften aus dem „Dritten Reich"   3

Die verurteilten Soldaten sollten zur Zeit des „Dritten Reiches" auch nach ihrem gewaltsamen Tod bewusst aus der Erinnerung getilgt werden. Für eine solche Politik der *damnatio memoriae* sprechen die offiziellen Bestattungsvorschriften.[1] Es galten folgende Regeln: Außerhalb des Reichsgebietes war der für die Hinrichtung zuständige Offizier ebenfalls für das Begräbnis verantwortlich, das er „in geeigneter Weise ohne militärische Ehren und ohne Teilnahme einer Abordnung oder einzelner Soldaten"[2] durchzuführen hatte. Die Bestattung hatte abseits von den Gräbern „normal" gefallener oder gestorbener deutscher Soldaten „an unauffälliger Stelle"[3], d. h. in Randlage auf einem lokalen (Gemeinde-)Friedhof, zu erfolgen. Falls der Ort über ein Krematorium verfügte, musste die Leiche eingeäschert werden; für die Urnenbestattung galten dieselben Regeln.

Innerhalb des Reichsgebietes konnte der Leichnam in einem verschlossenen Sarg den Angehörigen unter strengen Auflagen übergeben werden, wenn keine

---

[1]Siehe dazu die geheime Heeresdruckvorschrift 25/1, Anhang 2: Merkblatt für die Unterbringung zum Tode Verurteilter und für den Vollzug von Todesstrafen vom 07.10.1942, Abschn. VI, S. 11–12 (Bundesarchiv-Militärarchiv Freiburg, Bestand RH D7/25/1). Weitere Bestimmungen dazu finden sich im „Merkblatt betr. Gräberfürsorge der Wehrmacht" vom 01.07.1941 sowie den vom OKH/Chef Heeresrüstung und Befehlshaber des Ersatzheeres herausgegebenen „Bestimmungen für die Bestattung von Wehrmachtstrafgefangenen" vom 26.01.1943 (Bundesarchiv-Militärarchiv Freiburg, Bestand RH 36/590).

[2]Geheime Heeresdruckvorschrift 25/1, Anhang 2: Merkblatt für die Unterbringung zum Tode Verurteilter und für den Vollzug von Todesstrafen vom 07.10.1942, S. 11 (Bundesarchiv-Militärarchiv Freiburg, Bestand RH D7/25/1).

[3]Geheime Heeresdruckvorschrift 25/1, Anhang 2: Merkblatt für die Unterbringung zum Tode Verurteilter und für den Vollzug von Todesstrafen vom 07.10.1942, S. 11 (Bundesarchiv-Militärarchiv Freiburg, Bestand RH D7/25/1).

© Springer Fachmedien Wiesbaden GmbH 2018   5
M. Dräger, *Denkmäler für Deserteure*, essentials,
DOI 10.1007/978-3-658-18398-1_3

militärischen Gründe dagegen sprachen. Sie machten von dieser Möglichkeit jedoch nicht nur aus Scham über die Gründe ihres zu Tode gekommenen Angehörigen zumeist keinen Gebrauch (vgl. exemplarisch zu diesem Aspekt Dräger 2015a, S. 236), sondern auch aus finanziellen Motiven. Denn sie mussten sich verpflichten, die Bestattung auf eigene Kosten im Ort der Hinrichtung durchführen zu lassen. Ferner waren Feierlichkeiten bzw. kirchliche Liturgie (Aufbahrung, Predigt, Glockengeläut und Ministrantendienst) sowie Nachrufe oder Todesanzeigen streng verboten. Verzichteten die Angehörigen, so wurde der Leichnam dem anatomischen Institut der nächstgelegenen Universität oder einer militärärztlichen Akademie zu Lehr- und Forschungszwecken angeboten (Waltenbacher 2008, S. 211–229). Wenn auch diese Institutionen ablehnten, wurde der Leichnam der örtlichen Gemeindepolizei übergeben, sie musste dann die Bestattung durchführen. Hierfür galt analog die oben genannte Bestimmung, den Toten in unauffälliger Randlage auf dem örtlichen Gemeindefriedhof zu bestatten. Diese Gräber erhielten als Grabzeichen dann einfache Balkenkreuze, anders als bei regulären Soldatengräbern nannten sie nur Name und Lebensdaten des Toten, Dienstgrad und Einheit wurden nicht genannt, sodass eine Zugehörigkeit zur Wehrmacht nicht mehr ersichtlich war.[4]

---

[4]Bestimmungen und Richtlinien für den Wehrmacht-Gräberdienst bei der Truppe (Archiv Volksbund Deutsche Kriegsgräberfürsorge Kassel, Bestand R. 6–6), Lurz 1986, S. 82 und „Dienstanweisung für den Wehrmacht-Gräberoffizier" Anlage 11,24 vom 23. Januar 1942, herausgegeben vom OKW (Bundesarchiv-Militärarchiv Freiburg, Bestand RWD 7/5). Diese Art der Exklusion aus der Wehrmacht bei der Bestattung war auch bei der äußersten Form der Desertion, nämlich Selbstmord „aus unehrenhaften Motiven", üblich. Konzedierten die Vorgesetzten dem Selbstmörder jedoch „ehrenhafte Motive", war eine Bestattung auf einem Soldatenfriedhof möglich.

Die Wahrnehmung von Wehrmacht-Deserteuren in der frühen Bundesrepublik (1950er bis 1970er Jahre)

4

Während in der Bundesrepublik die am 20. Juli 1944 begangene Tat der hochrangigen Militärs ab Mitte der 1950er Jahre als militärischer Widerstand gefeiert wurde und alljährliche Gedenkstunden das Ereignis in den Mittelpunkt der öffentlichen Aufmerksamkeit rückten, blieben die Taten des kleinen Mannes in Uniform lange Zeit unbeachtet; die Urteile gegen ihn behielten ihre Gültigkeit. Rehabilitierung, Entschädigung oder gar Anerkennung seiner Verweigerung bzw. seines Widerstandes unterblieben. Die gesellschaftliche Stigmatisierung und die sozialrechtliche Diskriminierung bestanden fort; Deserteure galten weiterhin als Feiglinge, Drückeberger, „Kameradenschweine" und Vaterlandsverräter.[1] Paradigmatisch für diese Sichtweise ist die Rezeption von Alfred Anderschs 1952 veröffentlichtem autobiographischen Bericht „Die Kirschen der Freiheit". Sie wurden von der zeitgenössischen Kritik größtenteils verrissen. Nur wenige zeitgenössische Stimmen äußerten sich positiv (Andersch 1952; Hirzel 1953, S. 709–715; Stephan 2002; Braese 2001, S. 472–497; Nehring 2008, S. 139–153).

Desertion aus der Wehrmacht blieb in den ersten drei Dekaden der Bundesrepublik ein Tabu-Thema; selbst überlebende Deserteure wagten es aus Scham oder Angst vor dem Verlust von Familie und Freunden in der Regel nicht, das Thema öffentlich anzusprechen oder ihre Versorgungs- und Entschädigungsansprüche z. B. wegen gesundheitlicher Beeinträchtigungen oder der Anerkennung von Haftzeiten für die Rentenberechnung juristisch durchzusetzen. Die wenigen, die es dennoch versuchten, scheiterten an den bundesrepublikanischen Gerichten; sie erwiesen sich selbst sowie der Sache einen Bärendienst. Denn die Richter, meist

---

[1]Zur Persistenz nationalsozialistischer Wertvorstellungen in der Bundesrepublik siehe Gross und Konitzer 1999, S. 44–67.

© Springer Fachmedien Wiesbaden GmbH 2018
M. Dräger, *Denkmäler für Deserteure*, essentials,
DOI 10.1007/978-3-658-18398-1_4

bereits vor 1945 im Justizdienst — oftmals gar in der Wehrmachtjustiz — tätig, hielten nationalsozialistische Rechtspositionen und Interpretationen aufrecht und warfen den Deserteuren eigennützige Motive vor. Zudem bewerteten sie deren individuelle Tat als aussichtslos und hielten ihnen als erfolgversprechendes Beispiel den 20. Juli vor. So wurden die einen trotz oder wegen des gescheiterten Attentats und ungeachtet ihrer keineswegs demokratischen Vorstellungen einer politischen Reorganisation zum Symbol für „heldenhaften" militärischen Widerstand. Die anderen, die sich aus unterschiedlichen Gründen nicht (mehr) am Morden beteiligen wollten und deshalb wegen Fahnenflucht oder „Wehrkraftzersetzung" verurteilt wurden, blieben benachteiligt und unbeachtet.

Der Grund für diese juristische Abfuhr bestand in der Interpretation der Wehrmachtjustiz als rechtstaatlich. Dass sich eine solche Deutung durchsetzen konnte, lag vor allem an der Kontinuität der Juristen nach 1945. Die hohe Quote belasteter und übernommener Richter sorgte dafür, dass an vielen Verfahren ehemalige Wehrmachtjuristen beteiligt waren, die quasi in eigener Sache zu urteilen hatten.[2] Sie verfügten über die juristische Definitionsmacht und bestimmten, was Recht und was Unrecht war. Das galt sowohl für strafrechtliche Verfahren gegen ehemalige Kollegen als auch in zivilrechtlichen Verfahren im Streit um die Anerkennung von Versorgungsansprüchen, Wiedergutmachung und Entschädigung. Die Crux der Wiederverwendung von Militärjuristen — oftmals in ranghohen Positionen — lag vor allem darin, dass sie wegen ihrer eigenen Angaben zufolge „unpolitischen" Tätigkeit in der Militärgerichtsbarkeit als besonders geeignet für einen juristischen Neuanfang erschienen. So konnten sie die rechtliche Aufarbeitung der Militärjustiz verhindern bzw. um Jahrzehnte verzögern. Es sollte einer jüngeren Juristengeneration in den 1990er Jahren vorbehalten bleiben, mit der Legende der „sauberen" Wehrmachtjustiz zu brechen (Perels 1995, S. 51–65, 1996, S. 504–510, 1999, 2004, S. 361–371, 2011, S. 22–40; Von der Ohe 2008, S. 293–318).[3]

---

[2]Der Berliner Rechtssoziologe Hubert Rottleuthner spricht deshalb von „Krähenjustiz" (Rottleuthner 2010, S. 95).

[3]Vom Bruch in der Rechtspraxis bis zur wissenschaftlichen Aufarbeitung war es aber dennoch ein langer und steiniger Weg. Eine wissenschaftliche Kommission, die den Umgang des Bundesjustizministeriums in den 1950er und 1960er Jahren mit der nationalsozialistischen Justiz erforschte, wurde erst im Jahr 2012 eingerichtet. Zu den Ergebnissen der so genannten „Rosenburg-Kommission", die ihren Namen dem ersten Dienstsitz des Bundesjustizministeriums verdankt, siehe Görtemaker und Safferling 2016.

Im Hinblick auf die lange Zeit ausgebliebene „Vergangenheitsbewältigung" der Justiz sprach der 2014 verstorbene Ralph Giordano von der „Zweiten Schuld" (Giordano 1987). In seiner letzten Publikation sprach er diesbezüglich sogar von „perfektem Mord"

Neben derartigen juristischen Peinlichkeiten trug zum jahrzehntelangen Schweigen der Deserteure auch die lautstarke Apologie der ehemaligen Militärjuristen bei. Sie hatten sich bereits Anfang der 1950er Jahre bestens vernetzt und veranstalteten regelmäßig Kameradschaftstreffen. Diese Treffen dienten nicht nur der Förderung von Karrieren der wenigen ehemaligen Kollegen, die bislang noch nicht im bundesrepublikanischen Justizsystem Fuß gefasst hatten, sondern vor allem der Herstellung des Images einer „sauberen" Wehrmachtjustiz. Dies funktionierte auf zweierlei Weise: Erstens fungierten sie in den wenigen Fällen, wo Militärjuristen wegen ihrer frühen Tätigkeit strafrechtlich belangt zu werden drohten, als Experten und fertigten Stellungnahmen an. In derartigen Gefälligkeitsgutachten wurde der Wehrmachtjustiz Rechtsstaatlichkeit bescheinigt, die den Delinquenten rechtmäßig verurteilt hatte, wodurch eine Bestrafung des bzw. der Kollegen unterblieb.

Das zweite wichtige Betätigungsfeld der Juristen nach dem Krieg bestand in der Historiographie – und zwar in eigener Sache. Den Höhepunkt des apologetischen Schrifttums stellt die von Otto Peter Schweling verfasste und nach dessen Tod 1977 vom Marburger Jura-Professor Erich Schwinge herausgegebene Monographie „Die deutsche Militärjustiz in der Zeit des Nationalsozialismus" dar. Das Buch war aus jahrzehntelanger Arbeit hervorgegangen, die auf den Materialsammlungen ehemaliger Militärjuristen basierte. Die Wehrmachtjuristen funktionierten als kollektiver Akteur reibungslos und leugneten mit diesem Buch die von ihnen ausgeübte Gewalt als solche bzw. betonten deren Rechtmäßigkeit (vgl. Bade 2011, S. 124–139; Garbe 2011, S. 140–155).

Die Filbinger-Affäre im Jahr 1978 bedeutete jedoch einen ersten Wendepunkt.[4] Der baden-württembergische Ministerpräsident hatte in seiner Funktion als Marinestabsrichter an einigen Todesurteilen mitgewirkt. Zunächst leugnete er seine Beteiligung daran, musste sie dann aber einräumen. Allerdings kostete ihn

---

Fußnote 3 (Fortsetzung)

(Giordano 2013). Wenn man perfekt nicht in dem Sinne versteht, dass der Mord unbemerkt geschehen ist und keine Spuren hinterlassen hat, so dass strafrechtliche Konsequenzen aus Unkenntnis ausbleiben, was eigentlich die Perfektion der Tat begründet, sondern dass strafrechtliche Konsequenzen für die Täter ausblieben, weil sie die von ihnen ausgeübten und allseits bekannten Taten juristisch zu Nicht-Taten umdefinierten und dabei von weiten Teilen der Gesellschaft sowie der Justiz unterstützt wurden, so ist Giordanos Aussage zuzustimmen.

[4]Zur Filbinger-Affäre und ihrer Rezeption siehe Von dem Knesebeck 1980, Surmann 1999, S. 103–114, Roussety 2011, S. 98–114 sowie vor allem die zahlreichen Aufsätze in Wette 2006.

nicht diese Tatsache das Amt, sondern seine Unfähigkeit, mehr als drei Jahrzehnte später ein Wort des Bedauerns an die Hinterbliebenen zu richten. Die Öffentlichkeit empörte sich über Filbingers Halsstarrigkeit viel mehr als über seine Mitwirkung an Todesurteilen. Der Nimbus der Wehrmachtjustiz war damit zum ersten Mal angekratzt.

Die veränderte Wahrnehmung von Wehrmacht-Deserteuren in den 1980er Jahren: Der Beginn eines Meinungswandels

Im Rahmen der Friedensbewegung der 1980er Jahre setzte sich dieser Meinungswandel fort. Als Reaktion auf den NATO-Doppelbeschluss suchten die damaligen Akteure aus dem antimilitaristischen Spektrum[1] der Friedensbewegung – oftmals Kriegsdienst verweigernde Reservisten, Gruppen der DFG-VK (Deutsche Friedensgesellschaft – Vereinigte KriegsdienstgegnerInnen) oder grün-alternative Initiativen – abseits des antizipierten soldatischen Heldentodes im Atomkrieg nach neuen, erinnernswerten Idealen, die eher zu ihrer pazifistischen Orientierung passten. Diese entdeckten sie in den Deserteuren des Zweiten Weltkrieges. Deren historische Verweigerung erschien ihnen beispielhaft für die Gegenwart. Unter den zeitgenössischen sozialen Rahmenbedingungen, vor allem der Angst vor einem atomaren Dritten Weltkrieg (Schregel 2009, S. 495–520, 2011), deuteten sie daher die Deserteure des Zweiten Weltkrieges positiv um, idealisierten sie quasi zu „Friedenstauben" und sahen in ihnen historische Vorbilder. Sie forderten Denkmäler für Deserteure als Kontrapunkte zu den klassischen Kriegerdenkmälern und provozierten damit ganz bewusst gegenüber diesen traditionellen Formen des Gedenkens. Derartige Forderungen stellten zugleich einen mehrfachen Tabubruch dar. Die Legitimität des soldatischen Prinzips von Befehl und Gehorsam wurde ebenso grundsätzlich infrage gestellt wie die soldatische „Heldenverehrung", mit dieser Form der militärischen Traditionspflege sollte gebrochen werden. Die Staatsräson – auch diejenige der Bundesrepublik – wurde an einem neuralgischen Punkt berührt, was die Vehemenz der Abwehrreaktionen erklärt. Durch die moralische Anerkennung von Desertion wurde zudem die Kriegsgeneration mit der Frage nach ihrem eigenen Verhalten, ihrer Verantwortung für, ja

---

[1]Für eine Charakterisierung der verschiedenen Spektren siehe Leif 1990, S. 32–52.

© Springer Fachmedien Wiesbaden GmbH 2018
M. Dräger, *Denkmäler für Deserteure,* essentials,
DOI 10.1007/978-3-658-18398-1_5

ihrer Verstrickung in die nationalsozialistischen Verbrechen konfrontiert (Dingel 1989, S. 227–234, 1990, S. 11; Haase 1990, S. 131–132).

In zahlreichen Städten entstanden derartige „Deserteur-Initiativen". Mit der Forderung, der Deserteure zu gedenken, wollten die Initiatoren eine Diskussion über Kriegsdienstverweigerung und Desertion in Gang setzen. Ihre friedenspolitische Strategie bestand darin, selbstbestimmtes Handeln als höherwertige Alternative dem aus ihrer Sicht obsoleten Prinzip von Befehl und Gehorsam gegenüberzustellen. Desertion erschien ihnen quasi als „Selbstverteidigung", als emanzipatorischer Akt gegen äußere militärische Zwänge und scheinbare Notwendigkeiten. Die Initiatoren hofften, dass durch die Reflexion über Desertion in der Geschichte auch die Beschäftigung mit der aktuellen Frage nach der Legitimität von staatlichen Zielen und (Gewalt-)Handlungen angeregt werde. Ferner fragten sie auf diese Weise explizit, in welcher Tradition man stehe und welches Gewicht man dem Militär beimesse.[2] Auf diese Weise gerieten die jungen in Konflikt mit den älteren Generationen, die die Aufrechterhaltung des Friedens durch Verteidigungsbereitschaft betonten und die Gefahr einer drohenden militärischen Eskalation in Kauf zu nehmen eher bereit waren als die jüngeren Generationen. Sie forderten dagegen Abrüstung sowie den generellen Verzicht auf militärische Gewalt. Werte wie militärische Treue, Gehorsam und Opferbereitschaft erschienen ihnen obsolet. Im Spannungsfeld von Erinnerung, Geschichtskultur und Geschichtspolitik kämpften generationell heterogene Geschichtsbilder und Friedenskonzeptionen im öffentlichen Raum um Anerkennung und Deutungshoheit.[3]

Die in den 1980er Jahren zwar keineswegs gesellschaftlich konsens- bzw. mehrheitsfähigen Initiativen aus der Friedensbewegung, Deserteure mit Denkmälern zu ehren bzw. ihrer in dieser Form zu gedenken, regte auch die historische Forschung an, die sich noch in den 1980er Jahren dieses Themas annahm und Deserteure zu „salonfähigen" Forschungsobjekten werden ließ. Frühe Beispiele für solche Forschungsliteratur sind Norbert Haases „Deutsche Deserteure" sowie Manfred Messerschmidts und Fritz Wüllners Werk „Die Wehrmachtjustiz im Dienste des Nationalsozialismus. Zerstörung einer Legende" (Haase 1987 sowie

---

[2]Nach dem Ende der Friedensbewegung hielten diese Gruppen ihre Forderungen aufrecht, sodass in den letzten drei Jahrzehnten bundesweit rund 50 Deserteur-Denkmäler entstanden. Die Denkmalsdebatten können hierbei als Indikator für den gesellschaftlichen Stellenwert des Militärischen angesehen werden, die steigende Zustimmung ist ein Beleg für den soziokulturellen Meinungswandel (vgl. Müller 2007, S. 268).

[3]Für eine generationelle Deutung der Auseinandersetzung um Deserteur-Denkmäler siehe Dräger 2014, S. 87–99.

Messerschmidt und Wüllner 1987). Jene Studie entstand dezidiert als Gegenstück zur Apologie von Schweling/Schwinge (Schweling 1977).

Die anfangs erhitzt geführte Diskussion um Deserteure als Widerstandskämpfer[4] versachlichte sich im Laufe der Zeit und konzentrierte sich nach und nach auf den historischen Kern des Phänomens Desertion (vgl. Wette 2004, S. 517). Inzwischen sind die Motive für Desertion einigermaßen gut erforscht, sodass das Bild der Wehrmacht-Deserteure klarer und differenzierter geworden ist, als man es sich während der Friedensbewegung und vor Beginn der Forschung vorstellte.[5] Damals stilisierte z. B. das Bonner Friedensplenum Deserteure zu „lebensbejahenden, vernünftigen und eigenverantwortlich handelnden Menschen", denen es unmöglich gewesen sei, „am Töten und Sterben im Krieg teilzunehmen und schuldig zu werden", die durch ihre Tat „Abscheu vor blindem Gehorsam, militärischem Drill und Uniformität" ausgedrückt und demonstriert hätten, wie viel ihnen ein Menschenleben bedeutete (Bonner Friedensplenum 1989, S. 3). Eine derartig existenzialistisch verklärte Vorstellung von Deserteuren findet sich auch in einem Bericht über die Gründungsversammlung der Bundesarbeitsgemeinschaft der Deserteur-Initiativen vom Mai 1990:

> Das Lebensgefühl jener den Kriegsdienst verweigernden Soldaten gab ihnen die Kraft zur Flucht von der Fahne und zum eigenständigen Selbstbewusstsein. Sie sagten den großen Ideologien ab, ergaben sich dem Individualismus und skeptischen Humanismus, ausgedrückt in einer radikalen Kritik an der Herrschaft von Krieg und Gewalt. An diese elementaren Ideen knüpfen 40 Jahre später Teile der heutigen jungen Generation als Anhänger der Friedensbewegung und des Pazifismus an (Kypke 1990, S. 6–8, Zitat S. 7).

Bei den dort genannten bzw. unterstellten Beweggründen handelt es sich vielmehr um eine Rückprojektion der eigenen Vorstellungen auf die Vergangenheit als um eine historische Analyse. Insofern sagten einige Denkmalsinitiativen mehr über

---

[4]Siehe hierfür exemplarisch Abendroth 1989, Venhaus und Venhaus 1989, S. 34–38 und Ausländer 1990.

[5]Folgende Motive für Desertionen hat die Forschung bislang herausgearbeitet: Politischer oder religiös motivierter Widerstand gegen den Nationalsozialismus, Kriegsmüdigkeit bzw. Überlebenswille, Angst vor Verwundung oder Tod, Angst vor der Versetzung (vor allem an die Ostfront), schlechte Behandlung in der Truppe, Angst vor Bestrafung wegen anderer Vergehen, Desertion aus militärischem Strafvollzug, persönliche oder familiäre Gründe wie Heimweh, Sorge um Familienangehörige oder Liebesbeziehungen, Zweifel am Kriegsausgang, Pazifismus, Antimilitarismus sowie Abscheu vor deutschen Gräueltaten und Kriegsverbrechen. Zur Erforschung der Motive von Wehrmacht-Deserteuren siehe auch Dräger 2017b, S. 489–517.

die Vorstellungswelt ihrer Akteure aus als über den zugrunde liegenden Inhalt, an den sie erinnern sollten. Die drei Zeitebenen Vergangenheit, Gegenwart und Zukunft vermischten sich bisweilen recht stark in den Initiativen; Deserteure wurden aus dem historischen Kontext herausgelöst und avancierten zu „antimilitaristischen Leitfiguren" (Kammler 1990, S. 150–178). Bereits zeitgenössisch wurde jedoch auch schon vor einer Fehlinterpretation bzw. „Mythologisierung" der Wehrmacht-Deserteure als „Friedenstauben" gewarnt; denn dies hätte einen Glaubwürdigkeitsverlust der Deserteur-Initiativen zur Folge, da ein Übergewicht des „aktuellen politischen Bezugs" eine ernsthafte Beschäftigung mit den Wehrmacht-Deserteuren verhindern würde und diese stattdessen in Unkenntnis der historischen Situation antimilitaristisch bzw. pazifistisch überzeichnet würden (Zitate aus Fahle 1990, S. 22).

Die Vorstellung der Friedensbewegung vom Deserteur als Pazifisten und/oder Widerstandskämpfer[6] hat sich angesichts der seit den 1990er Jahren intensiv betriebenen Forschungen zu den Wehrmacht-Deserteuren und ihren Motiven nur als begrenzt korrekt erwiesen; lediglich eine Minderheit von ca. 20 bis 25 % desertierte aus politischen oder religiösen Gründen.[7] Nichtsdestotrotz sind derweil alle Motive

---

[6]Der Widerstandsaspekt wurde von den Deserteur-Initiativen aus ihrer zeitgenössischen Situation meist ganz unreflektiert und selbstverständlich in die historische Perspektive übertragen. Er fand seinen Ausdruck in der Verwendung eines Zitats aus Anderschs „Die Kirschen der Freiheit": „Mein ganz kleiner privater 20. Juli [1944, M. D.] fand bereits am 6. Juni statt." Anderschs bis dato kaum bzw. schlecht rezipiertes Buch erlebte ein Revival, es avancierte zum „Kultbuch" der Deserteur-Initiativen. Denn Elemente aus Anderschs Darstellung, nämlich Isolation des Einzelnen, Absage an Militär und kriegerische Gewalt sowie individuelle Entscheidungsfreiheit, waren rund 40 Jahre später anknüpfungsfähig für die jungen Friedensbewegten: „Hier erkannten junge Pazifisten und Anhänger der Friedensbewegung von heute verwandte Motive. Und sie fanden Umrisse einer provokativen, politisch-emotional ausstrahlungsfähigen Gegenfigur, die beides enthielt: die radikale Absage an das verbrecherische Regime der Vergangenheit und zugleich an die Kriegs- und Rüstungsmaschinerie von heute. Historische Sensibilisierung und das Gefühl existentieller Bedrohung in der Gegenwart verbinden sich in der Hinwendung zu dieser Gegenfigur." (Zitate aus Kammler 1990, S. 153 und 158, vgl. zu dieser Sichtweise auch Haase 1990, S. 130–156).

Einen sehr guten und pointierten Überblick über den Forschungsstand sowie zugleich einen Ausblick auf Desiderate und neue Forschungsperspektiven bietet Ziemann 1999, S. 589–613.

[7]Zu den Motiven und ihrer quantitativen Verteilung siehe die einschlägigen Studien von Haase 1987, S. 24–27, Seidler 1993, S. 311–318, Knippschild 1998, S. 229–237, Ziemann 1999, S. 601–603, Koch 2008, S. 33, 374–378 und Koch 2010, S. 152–154. Einen Höchstwert von 38 % ermittelte Gerhard Paul, allerdings an einem relativ geringen Sample von 67 saarländischen Soldaten (Paul 1994, S. 40–41).

anerkannt, das Unbehagen gegenüber „privaten" Motiven ist abgeflaut bzw. ist zweierlei Erkenntnis gewichen, nämlich dass erstens in einem Regime wie dem Nationalsozialismus auch „private" Entscheidungen höchst politisch waren – jedenfalls in den Augen der sanktionierenden nationalsozialistischen Strafverfolgung – und dass zweitens die Deserteure sich – ungeachtet ihrer subjektiven Motive – objektiv einem verbrecherischen Angriffs- und Vernichtungskrieg entzogen. Die historische Forschung zur NS-Militärjustiz attestiert ihr einen „Terrorcharakter" (Paul 2003, S. 173) in Bezug auf die Verfolgung von Deserteuren und sieht in deren Urteilspraxis eine „typische nationalsozialistische Gewaltmaßnahme" (Paul 2003, S. 173). Aufgrund der Vielzahl an Studien, die die historische Forschung seit den 1980er Jahren hervorgebracht hat, kann Scheurigs eingangs zitiertes Diktum mittlerweile als widerlegt gelten.

Ein positiver Nebeneffekt dieser wissenschaftlichen Dignität und gesellschaftlichen Neubewertung bestand darin, dass sich nun auch erstmals überlebende Deserteure zu Wort meldeten und die Diskussionen, sei es in Form von Zeitzeugengesprächen oder sei es in Form von Autobiografien, um die Perspektive ihrer Erfahrungen bereicherten. Sie wurden sprachfähig, artikulierten sich erstmals in den 1980er Jahren und organisierten sich zudem als kollektiver Akteur, in dem sie 1990 die „Bundesvereinigung Opfer der NS-Militärjustiz" gründeten,[8] die bei der politischen Rehabilitierung in den 1990er Jahren eine bedeutende Rolle spielte.[9]

Das vorrangige Ziel der Deserteure bestand in der Anerkennung und Würdigung ihrer damaligen Handlungen, nicht in der finanziellen Entschädigung für erlittenes Unrecht.[10] Ebenso wie materielle Aspekte negierten sie ein Interesse an der strafrechtlichen Verfolgung der wenigen noch lebenden Wehrmachtjuristen, die für ihr Schicksal verantwortlich waren. Sie wollten am Ende ihres Lebens ihre Würde und Reputation wiederhergestellt sehen, nachdem sie es als Außenseiter am gesellschaftlichen Rand verbracht hatten. Ihr Augenmerk war darauf gerichtet,

---

[8]Zur Gründung der Vereinigung siehe die Schilderungen von Ludwig Baumann, der seit 1990 als ihr Vorsitzender amtiert: Baumann 1993, S. 15–18, Baumann 2010, S. 19–31 und Baumann 2011, S. 325–336.

[9]Aleida Assmann meint, dass es der gesellschaftlichen Anerkennung sowie der Etablierung dieses historischen Themas im kollektiven Gedächtnis zuträglich ist, wenn die Opfer ihr Schweigen beenden und sich solidarisch in einer Gemeinschaft bzw. einer Opfervereinigung organisieren und selbst bereits „generationenübergreifende Formen der Kommemoration" entwickeln (Assmann 2007, S. 75).

[10]Sie war ohnehin gering und betrug gemäß dem Gesetz von 1998 gerade einmal eine Einmalzahlung in Höhe von 7500 DM. Ferner bestand die Möglichkeit, eine monatliche Opferrente zu beantragen, deren Gewährung jedoch äußerst restriktiv gehandhabt wurde.

bis zu ihrem baldigen Lebensende die Rehabilitierung erreicht zu haben, um nicht vorbestraft sterben zu müssen (vgl. Baumann 2007, S. 10–11).

Die Neubewertung von Desertion bzw. den Wehrmacht-Deserteuren hat also ihren Ausgangspunkt in der Friedensbewegung der 1980er Jahre. Sie ist zugleich ein Zeichen für einen Generationenkonflikt, denn die jungen bzw. jüngeren Aktivisten der Friedensbewegung setzten damit den Vorstellungen der alten bzw. älteren Kriegs- und HJ-Generation eigene Leitbilder, Wertvorstellungen und Ideen entgegen, wie Frieden zu bewahren sei. Sie sahen die Bewahrung des Friedens nicht mehr dadurch gewährleistet, sich dem Kriegsdienst zur Verfügung zu stellen und dem Vaterland treu und tapfer zu dienen, wie es die Denkmäler für vergangene Kriege kundtaten und von den Nachkommen forderten, sondern durch die konsequente Verweigerung des Kriegsdienstes, notfalls in Form der Desertion. Aus diesem Grund forderten sie bereits in den 1980er Jahren die Errichtung von Deserteur-Denkmälern als Gegendenkmäler[11] zu bereits bestehenden Kriegerdenkmälern. Diese frühen Monumente markierten den Beginn eines gesellschaftlichen Meinungswandels. Die zahlreichen lokalen Diskussionen verlagerten sich gegen Ende des Jahrzehnts auf Bundesebene bzw. griffen dorthin über und wurden zu einem regelmäßigen Tagesordnungspunkt der politischen Agenda.

---

[11]Zu Geschichte und Funktion von Gegendenkmälern siehe Springer 1989, S. 92–102, Young 1992, S. 267–296, Tomberger 2007, Springer 2009a, S. 297–314, 2009b, S. 329–333 und Wijsenbeek 2010.

Die 1990er Jahre: Von der lokalen auf die Bundesebene

6

Die lokalen Debatten sowie vereinzelte Denkmalsetzungen dienten als Wegbereiter für die politische und juristische Rehabilitierung der Deserteure auf Bundesebene in den 1990er Jahren. Der gesellschaftliche Meinungswandel basierte auf einem Generationenwechsel, der den seit den 1980er Jahren ausgetragenen Generationenkonflikt über Deserteur-Denkmäler bzw. die Rehabilitierung der Deserteure beendete. Denn bis dato wurden in kontroversen Debatten vor allem zwei Fragen heftig diskutiert: Erstens, ob die Rehabilitierung von Deserteuren nicht neues Unrecht produziere und sozialen Unfrieden heraufbeschwöre, weil dadurch die große Zahl an Soldaten, die treu und gehorsam ihre militärische Pflicht getan habe, nachträglich diffamiert würde. Dies betraf vor allem die Kriegsgeneration, die sich vehement gegen eine solche Einschätzung wehrte. Die Jüngeren tangierte eine solche Nabelschau jedoch nicht mehr, sie beantworteten diese Fragen mit einem klaren Nein und gerieten weder in eine Identitäts- und Legitimationskrise noch scheuten sie den Konflikt mit den aus den sozialen Machtpositionen nach und nach ausscheidenden und nicht mehr dominierenden Angehörigen von Kriegs- und HJ-Generation. Zweitens tangierte ein antizipierter Gegenwartsbezug im Umgang mit historischen Deserteuren implizit auch die Frage nach den aktuellen Auswirkungen, z. B. auf die Wehrbereitschaft der Bundeswehr. Da sozialer Frieden und Verteidigungsbereitschaft jedoch keinesfalls in Frage gestellt werden sollten, scheiterten in den 1980er Jahren sämtliche parlamentarischen Vorstöße und auch viele lokale Initiativen.

Erst mit dem Ende des Kalten Krieges und der Wiedervereinigung setzte ein Umdenken ein und die Einstellung von Politik und Justiz begann sich zu wandeln. Das Bundessozialgericht sprach 1991 erstmals der Witwe eines hingerichteten Deserteurs eine Entschädigung zu. Es hob in seinem Urteil ausdrücklich hervor, dass die individuellen Motive des Delinquenten zur Desertion bei der

© Springer Fachmedien Wiesbaden GmbH 2018
M. Dräger, *Denkmäler für Deserteure*, essentials,
DOI 10.1007/978-3-658-18398-1_6

17

versorgungsrechtlichen Beurteilung keine Rolle zu spielen hatten, sondern allein die strafrechtliche Verfolgung durch die nationalsozialistisch instrumentalisierte Wehrmachtjustiz den Opfer-Status begründe und eine entsprechende Versorgung rechtfertige. Mit diesem Urteil wurde das Deserteur-Bild erneut transformiert. Deserteure wurden nunmehr weder als Feiglinge, Vaterlandsverräter etc. noch als Widerstandskämpfer und Helden wahrgenommen, sondern als Opfer nationalsozialistischer Verfolgung. 1995 distanzierte sich ebenfalls der Bundesgerichtshof in einem Grundsatzurteil von der Praxis der NS-Militärjustiz und regte eine Aufhebung der Urteile gegen Deserteure an, indem er sich den Ergebnissen der jüngeren militärgeschichtlichen Forschung anschloss. 1997 formulierte der Deutsche Bundestag eine Entschließung, 1998 verabschiedete er ein Gesetz zur Rehabilitierung von Deserteuren, das eine Einzelfallprüfung vorsah. Durch zwei Novellierungen dieses Gesetzes in den Jahren 2002 und 2009 wurde die bisherige Praxis der Einzelfallprüfung abgeschafft, die letzten Deserteure wurden pauschal rehabilitiert. Sie sind als Opfergruppe anerkannt und gelten nicht mehr als vorbestraft.

An der Rehabilitierung der Deserteure in den 1990er Jahren wirkte eine Vielzahl von Akteuren mit: Die Bundesvereinigung Opfer der Militärjustiz, Historiker, Journalisten, Politiker, Juristen und die Evangelische Kirche Deutschlands, deren Beitrag keineswegs gering geschätzt werden darf. Die so genannte (erste) „Wehrmachtsausstellung" trug ebenfalls zur Rehabilitierung der Deserteure bei bzw. fungierte als Katalysator dafür.

Die erinnerungskulturellen Diskussionen jenes Jahrzehnts speisten sich dabei sowohl aus der Aufarbeitung der deutschen Vergangenheit – und zwar zum einen aus einer generationell bedingt gewandelten Sichtweise auf Nationalsozialismus und Zweiten Weltkrieg, zum anderen aus der unmittelbaren „Bewältigung" des DDR-Erbes (Wenzke 1998, S. 252–287) – als auch aus den kriegerischen Auseinandersetzungen vor allem auf dem Balkan[1] in den 1990er Jahren. Die deutsche Debatte zeitigte auch internationale Konsequenzen, indem sie in anderen Ländern ähnliche Debatten auslöste und dort derartige Vorhaben anstieß. In Großbritannien erinnert seit Juni 2001 im National Memorial Arboretum in Alrewas, Staffordshire, ein Denkmal an 306 Soldaten aus Großbritannien und dem Commonwealth, die wegen Desertion und Feigheit im Ersten Weltkrieg hingerichtet

---

[1]Vgl. die Entschließung des Europäischen Parlaments zu den Deserteuren aus den Streitkräften der Staaten des ehemaligen Jugoslawiens vom 28.10.1993 sowie die Resolution 1042 zu Deserteuren und Fahnenflüchtigen aus den Republiken des ehemaligen Jugoslawien der Parlamentarischen Versammlung des Europarats vom 01.07.1994, beide abgedruckt in Wette 1995, S. 347–352.

wurden.[2] In Österreich wurde seit der Jahrtausendwende über die Rehabilitation von Deserteuren des Zweiten Weltkrieges und die damit verbundene Frage einer Denkmalsetzung diskutiert. Im Jahr 2005 wurde das so genannte „Anerkennungsgesetz" verabschiedet, 2009 das „Aufhebungs- und Rehabilitationsgesetz". Im Oktober 2012 wurde eine Standortentscheidung zugunsten eines Deserteur-Denkmals auf dem Wiener Ballhausplatz getroffen, die Einweihung dieses Monuments fand im Herbst 2014 statt.[3] Ob die deutschen, britischen und österreichischen Debatten in weiteren Ländern ähnliche Diskussionen auslösen werden, ist offen und hängt von einer Vielzahl von Faktoren ab. Denkbar wären sie etwa in den USA über den Umgang mit den Deserteuren des Vietnam-Krieges, in den Staaten des ehemaligen Jugoslawiens, deren Deserteure ebenfalls zum Meinungswandel in Deutschland und Europa beigetragen haben, in Syrien oder der Ukraine. Aktuelle militärische Auseinandersetzungen setzen das Thema Desertion also immer wieder auf die geschichts- und erinnerungspolitische Tagesordnung und sorgen auf die Weise für neuen Diskussionsstoff.

---

[2]Für historische Bezugnahmen der britischen, so genannten *„Shot at Dawn"*-Bewegung auf die deutschen Deserteur-Initiativen siehe den in vergleichender Perspektive angelegten Aufsatz von Peifer 2007, S. 1107–1132.

[3]Zu Österreich siehe Manoschek 2003, Kohlhofer und Moos 2003, Metzler 2007, S. 60–168, Geldmacher 2008, S. 72–87, Bruck 2009, Geldmacher et al. 2010, Alton et al. 2016 sowie Pirker und Kramer 2017, S. 63–92.

Die 2000er und 2010er Jahre: Der endgültige Einzug in die Erinnerungskultur

Nach dem politischen Abschluss der Rehabilitierung kehrte das Thema auf die lokale Ebene zurück. Dies illustrieren zum einen die nach wie vor stattfindenden Denkmalsetzungen, zum anderen die Wanderausstellung *„Was damals Recht war… – Soldaten und Zivilisten vor Gerichten der Wehrmacht"* (Baumann et al. 2008). Sie wurde im Jahr 2007 eröffnet, gastierte seitdem in 39 Städten, wandert noch immer und fungiert als dezentraler Erinnerungsort an die Wehrmachtjustiz.

Unter Denkmal versteht man ein „in der Öffentlichkeit errichtetes und für die Dauer bestimmtes selbstständiges Kunstwerk, das an Personen oder Ereignisse erinnern und aus dieser Erinnerung einen Anspruch seiner Urheber, eine Lehre oder einen Appell an die Gesellschaft ableiten und historisch begründen soll" (Mittig 1987, S. 460). Diese inhaltlich klar umrissene Definition ermöglicht eine enorme Bandbreite an gestalterischer Formgebung. Neben der traditionellen, figürlichen, rundplastischen Darstellung gehören zur Kategorie Denkmal auch weitere „Medien" (Mittig 1987, S. 459) wie z. B. Gebäude, Gedenkstätten, Gedenktafeln, Gedenksteine, Grabstätten sowie Benennungen von Straßen und Plätzen, Stolpersteine etc. Angesichts der formalen Vielfalt kann der „Versuch einer Begriffsbestimmung" (Egloffstein 1989, S. 38) nur unvollständig bleiben. Gemäß der obigen Definition existieren heute in zahlreichen Orten insgesamt ca. 50 Denkmäler bzw. Erinnerungszeichen für Deserteure (vgl. Abb. 7.1).

Die Errichtung dieser Monumente war, wie oben skizziert, häufig mit geschichtskulturellen Kontroversen um die „Denkmalswürdigkeit" dieser Opfergruppe verbunden. Die Existenz solcher Denkmäler und ihre zwar sukzessive, aber konstant anhaltende Errichtung kann als Indikator und sichtbares Zeichen für diesen sozialen Wandel angesehen werden. Fungierten sie in den 1980er Jahren zunächst als Wegbereiter, ging ihre Errichtung in den 1990er Jahren mit den parlamentarischen Debatten einher. Selbst nach dem politischen Abschluss des

© Springer Fachmedien Wiesbaden GmbH 2018
M. Dräger, *Denkmäler für Deserteure*, essentials,
DOI 10.1007/978-3-658-18398-1_7

Abb. 7.1   Deserteur-Denkmäler in Deutschland. (Stand 2017)

Themas in den 2000er Jahren wurden weitere Denkmäler errichtet, die der erinnerungskulturellen Verankerung dienen sollen.

Im Laufe der Zeit veränderten sich auch die Akteure, ebenfalls ein Indikator für die gestiegene gesellschaftliche Akzeptanz und den mittlerweile breiten Konsens. Anders als in den 1980er Jahren wurden die Denkmäler nicht mehr von privaten Gruppen initiiert, die bei politischen Parteien um Unterstützung warben und ihr Anliegen von ihnen parlamentarisch vertreten ließen, sondern die Parteien ergriffen allmählich selbst die Initiative. Dies mag zum einen daran liegen, dass die außerparlamentarischen Akteure der 1980er Jahre mittlerweile durch die Institutionen „marschiert" und im politischen System angekommen sind,[1] sodass sie nun innerhalb dieses Systems ihre Forderungen vertreten und durchsetzen können. Zum anderen liegt die Akzeptanz an der mittlerweile größeren politischen und gesellschaftlichen Offenheit für das Thema Deserteur-Denkmäler, sodass sich sämtliche politischen Akteure nun damit leichter tun als noch vor 25 oder 30 Jahren. Der Bundestag rehabilitierte 2009 einstimmig so genannte „Kriegsverräter", die Hamburger Bürgerschaft beschloss 2012 ebenfalls einstimmig, ein Deserteur-Denkmal in Hamburg errichten zu lassen, nachdem bereits 2009 in Köln im Auftrag der Stadt ein Denkmal im öffentlichen Raum aufgestellt worden war. Damit revidierten diese Städte die bis dato – von einzelnen Ausnahmen abgesehen – vorherrschende Haltung, Deserteur-Denkmäler nicht auf öffentlichem Grund oder nur in der städtischen Peripherie aufzustellen. Das Ulmer Deserteur-Denkmal stand von 1989 bis 2005 auf einem Privatgrundstück, bevor es auf öffentliches Gebiet umzog. Der Münchner Stadtrat lehnte seit Ende der 1980er Jahre die Aufstellung eines solchen Denkmals auf öffentlichem Gelände ab. Seit 1993 steht es in Mannheim – ebenfalls auf einem privaten Grundstück, weil die dortigen Stadtväter eine Errichtung auf öffentlichem Boden verweigerten. Die ehemalige Hauptstadt Bonn wollte auch kein Deserteur-Denkmal und erlaubte die öffentliche Aufstellung 1989 nicht. Die Odyssee dieses Denkmals ging nach mehreren Zwischenstationen und Standortwechseln in Potsdam, der Partnerstadt Bonns, zu Ende. Dort fand es Asyl.

---

[1]Deutlichstes Zeichen dafür und eine unmittelbare Folge der Friedensbewegung ist die Parlamentarisierung der Grünen (vgl. Becker-Schaum 2012, S. 65; Richter 2011, S. 231).

Deserteur-Denkmäler: Paradoxien der und Potenzial für die Gegenwart 8

Die gegenwärtige Situation ist also paradox: Abgesehen von einigen irrlichternden Stimmen gibt es einerseits eine breite gesellschaftliche Akzeptanz dieser Denkmäler.[1] Die heftigen Debatten der Vergangenheit sind abgeebbt, Deserteur-Denkmäler eignen sich in der Gegenwart nicht mehr zur Provokation. Ihr Potenzial, eine breite gesellschaftliche Debatte auszulösen, ist verschwunden, wobei die aktuelle Unaufgeregtheit bei diesem Thema sich auch auf Informationsmangel, Desinteresse und Indifferenz zurückführen lässt.

Andererseits leiden trotz ihres allmählichen Einzugs in die Erinnerungskultur die bislang errichteten Monumente ebenso wie andere Denkmäler unter Nicht-Beachtung im Alltag. Sie sind „unsichtbar" (vgl. Musil 1978, S. 506–509) und werden kaum rezipiert. Selbst die Exotik eines vermeintlich „anrüchigen" Inhalts steigert ihre Bekanntheit nicht. Die lebendigen, im kommunikativen Gedächtnis ausgetragenen Debatten vor ihrer Errichtung sind durch die kulturelle Formgebung verschütt gegangen. Das Thema Deserteure hat kaum bis keine Breitenwirkung entfalten können; trotz wissenschaftlicher Erforschung seit ca. drei Jahrzehnten entstand über einschlägige Fachkreise hinaus kein größeres öffentliches Bewusstsein für diese Thematik.

Als zusätzliche Erschwernis für die Rezeption kommt hinzu, dass diese Denkmäler sperrig und „unbequem" sind. Sie laufen bekannten und an Kriegerdenkmälern eingeübten Formeln und Ritualen traditionellen Gedenkens zuwider, weil diese ja eben gerade nicht reibungslos übernommen werden können.

---

[1]Die Thematik hat sowohl Einzug in populäre Geschichtsmagazine erhalten, die über solche Denkmäler berichten (Dräger 2015b, S. 43–44) als auch in Unterrichtszeitschriften für den schulischen Geschichtsunterricht (Paul 1999, S. 36–39; Albrecht-Hermanns 2011, S. 24–27; Dräger 2013b, S. 22–27).

© Springer Fachmedien Wiesbaden GmbH 2018
M. Dräger, *Denkmäler für Deserteure*, essentials,
DOI 10.1007/978-3-658-18398-1_8

Abb. 8.1 Das Wiener Denkmal für die Verfolgten der NS-Militärjustiz am Ballhausplatz. (© Iris Ranzinger, Abdruck mit freundlicher Genehmigung)

Man darf deshalb gespannt sein, ob und wie die jüngst eingeweihten Deserteur-Denkmäler in Wien und Hamburg, die in beiden Städten an prominenten Stellen bzw. im urbanen Zentrum errichtet wurden, dieses Rezeptionsproblem zu lösen vermögen und einen Beitrag dazu leisten können, sowohl das Gedenken an die Wehrmacht-Deserteure in der Erinnerungskultur weiter zu etablieren als auch die Sichtbarkeit dieser seit drei Jahrzehnten existierenden Denkmalsgattung zu erhöhen (vgl. Abb. 8.1 und 8.2).[2]

Lassen sich die Geschichten der Wehrmacht-Deserteure und ihrer durch Denkmäler seit den 1980er Jahren betriebenen Rehabilitierung trotz Rezeptionsschwierigkeiten bei den Monumenten als Erfolgsgeschichte lesen? Fügt sich eine solche Darstellung (nicht allzu) glatt in das momentan dominante Narrativ über die Bundesrepublik ein, in die Meistererzählung vom allmählichen Siegeszug der kritischen Geschichtsbetrachtung,[3] sodass der Eindruck entstehen könnte, dass die Deutschen ihre eigene Vergangenheit mustergültig aufgearbeitet haben und

---

[2]Zu Überlegungen, wie der Kreis der Rezipienten erhöht werden kann, siehe Koch 2016, S. 70–83.

[3]Zum kritischen Erzählen von Geschichte siehe Rüsen 1989, S. 49–52 und Rüsen 1990, S. 184–187.

Abb. 8.2 Der Hamburger Gedenkort für Deserteure und andere Opfer der NS-Militärjustiz zwischen Stephansplatz und Dammtor. (© Johannes Arlt, Abdruck mit freundlicher Genehmigung)

im Hinblick auf kritisches Gedenken weltweit führend sind?[4] Ja und Nein. Ja, denn auch der Spezialfall der Deserteure fügt sich in den allgemeinen Wandel von einer heroischen zu einer postheroischen und opferorientierten Erinnerungskultur ein (Sabrow 2012, S. 42; Konitzer 2012, S. 120–124) Und nein, denn die Berücksichtigung der Deserteure war ein Zufallsprodukt der Friedensbewegung und keineswegs Gegenstand systematischer Reflexion oder gar von gesellschaftlichem Konsens einer bewusst gewollten und herbeigeführten Konfrontation mit der Vergangenheit, geschweige denn aus einem Gefühl moralischer Verpflichtung heraus entstanden wie bei anderen Opfergruppen. Ohne den NATO-Doppelbeschluss wäre es nicht zu Deserteur-Denkmälern gekommen. Auch die knapp 30-jährige Dauer vom Anfang bis zum Ende der Rehabilitierung – 2009 wurden als letztes

---

[4]Für eine kritische Auseinandersetzung mit diesem Modus von „Vergangenheitsbewältigung siehe Jureit und Schneider 2010 sowie Assmann 2013. Sie sprechen (selbst-)kritisch von „Olympioniken der Betroffenheit" (Jureit und Schneider 2010, S. 19) und „Weltmeister im Erinnern" (Assmann 2013, S. 59) und negieren bzw. relativieren ein solches (Eigen-) Lob der Deutschen.

die Urteile gegen die so genannten „Kriegsverräter"[5] aufgehoben – spricht gegen eine schlichte Subsumption unter das Label der bundesrepublikanischen Erfolgsgeschichte, denn 64 Jahre nach Kriegsende erlebte niemand mehr die Aufhebung seines Urteils. Tausenden, ja Zehntausenden widerfuhr zu Lebzeiten weder Wiedergutmachung noch Rehabilitierung, sodass man bestenfalls von historischer Gerechtigkeit sprechen kann, die längst überfällig war.

Des Weiteren hat eine Verlagerung der Diskussion über Deserteure auf die Vergangenheit stattgefunden. Gegenwartsbezogene Aspekte, die gerade zu Beginn der Debatte in den 1980er Jahren virulent waren, traten zusehends in den Hintergrund. Die Thematisierung des Verhältnisses von Bundeswehr und Desertion war ein Störfaktor und wurde oft als Argument gegen die Rehabilitierung der Wehrmacht-Deserteure ins Feld geführt. Die grundsätzliche Gretchenfrage nach der Legitimität von staatlich organisierter militärischer Gewalt wurde im Laufe der Debatte ausgeklammert, geriet ins Hintertreffen und blieb unbeantwortet. Wer sie dennoch stellte, galt als kompromissunfähiger Störenfried. Überreste der Aufspaltung in eine beantwortete Vergangenheit und eine unbeantwortete Gegenwart erkennt man noch heute in den zwei Varianten von Deserteur-Denkmälern: Nämlich einerseits in den – trotz langer Debatten schließlich eher öffentlich-konsensual errichteten – Denkmälern für die Wehrmacht-Deserteure, die sich auf historisch Konkretes beziehen, und andererseits den Denkmälern für den „unbekannten Deserteur". Sie wurden quasi von „orthodoxen Hardlinern" gestiftet und blieben bis heute meist „privat". In ihnen sind die Zeitebenen Gegenwart und Zukunft noch stärker ausgeprägt. Der Appell, im Falle eines zukünftigen Krieges zu desertieren, ist sehr deutlich hörbar und oftmals durch Zusätze bei den Widmungsinschriften wie „allen Deserteuren aller Kriege" klar formuliert. Sie beziehen sich nicht mehr exklusiv auf die Vergangenheit.

Auf eine andere Frage aus dem problematischen Komplex der militärischen Disziplin, die ebenfalls bereits in den 1980er Jahren diskutiert wurde, hat man mittlerweile eine Antwort gefunden: Eine eigenständige Militärjustiz wurde im Jahr 2013 wieder eingeführt. Während das Bekanntwerden entsprechender „Schubladengesetze" für den Kriegsfall in den 1980er Jahren heftige öffentliche Proteste auslöste (Vultejus 1984; Garbe 2000, S. 122–124), sodass die Pläne schließlich fallen gelassen wurden (Anon. 1984, S. 85, 1987, S. 125–128), äußerten sich in der jüngsten Vergangenheit nur wenige kritische Stimmen, ein

---

[5]Zu diesem Tatbestand siehe Wette und Vogel 2007, zur Rehabilitierung durch den Bundestag siehe Korte und Heilig 2011.

gesellschaftlicher Aufschrei blieb aus. Eine (an der Universität der Bundeswehr entstandene) Dissertation bejahte sogar die Notwendigkeit einer Militärjustiz (Spring 2008). Mediale Berichterstattung (Demmer 2012, S. 33–34) und öffentliches Interesse waren überaus gering, sodass die Militärgerichtsbarkeit ohne gesellschaftliche Anteilnahme und nahezu unbemerkt „durch die Hintertür" eingeführt wurde (Kramer 2011, S. 356–373). Die veränderte Militärstrategie und die zahlreichen *out of area*-(Kampf-)Einsätze der Bundeswehr im Ausland in den letzten 20 Jahren mögen zu Überdruss, Desensibilisierung, sozialem Desinteresse und einer damit verbundenen, gewissen Geschichtsvergessenheit geführt haben, militärpolitische Entscheidungen kritisch zu begleiten (Knobloch 2005, S. 402–420; Kramer 2012, S. 395–399). Auch die Aussetzung der Wehrpflicht seit dem Jahr 2011 dürfte zu zunehmendem Desinteresse an militärpolitischen Entscheidungen beigetragen haben.

Der Gegenstand der Besorgnis war 2013 ebenfalls ein anderer als in den 1980er Jahren: Man befürchtete nun, dass durch eine den ordentlichen Gerichten entzogene Militärgerichtsbarkeit der Rechtsschutz der ausländischen Zivilbevölkerung untergraben werde, wenn die neue Militärjustiz sich an militärischen Bedürfnissen orientiere und ihnen ggf. angepasst werde. Damals hatte hingegen vor allem die Angst vor der Militärjustiz als Disziplinierungsinstrument gegen einzelne, kritische oder „unwillige" Soldaten, die ihr schutzlos ausgeliefert wären, im Zentrum der Kritik gestanden.

Fazit: Deserteure und ihr Platz im kollektiven Gedächtnis der Bundesrepublik Deutschland

9

Im Hinblick auf die Toleranz und Akzeptanz von Opfern der Wehrmachtjustiz als Teil des kollektiven Gedächtnisses gilt es nach wie vor, einen gesellschaftlichen Versöhnungs- und Verständigungsprozess in Gang zu setzen und damit die soziale Dimension der Rehabilitation nachzuholen, nachdem sich sowohl das historische Urteil über Deserteure als auch deren politische und juristische Beurteilung vor mehr als anderthalb Jahrzehnten gewandelt haben (Wette 2004, S. 505–527). Dieser Wandel ist nämlich noch nicht in der Mitte der Gesellschaft angekommen, angesichts von nur rund 50 Deserteur-Denkmälern im Vergleich zu mehreren Zehntausenden Kriegerdenkmälern ist der soziale Aspekt bisher ziemlich schwach geblieben. Sie sind nahezu „unsichtbar".

Doch nicht nur die geringe Anzahl an Monumenten ist ein Indikator dafür, dass dieses Thema noch immer nur von peripherem erinnerungskulturellen Interesse ist, sondern auch die Gestaltung von Soldatenfriedhöfen und Kriegsgräberstätten. Bislang ist eine Kennzeichnung der Deserteure als Opfer nur auf sehr wenigen dieser Anlagen umgesetzt worden (vgl. Dräger 2017a). Unterbleibt sie, so hätten die Nationalsozialisten über 70 Jahre nach dem Ende des Zweiten Weltkrieges dort noch immer das letzte Wort. Ihre Intention, die Opfer nach ihrem gewaltsamen Tod zusätzlich noch aus der kollektiven Erinnerung zu tilgen, hätte weiterhin Bestand.

Entsprechende Erinnerungszeichen auf Soldatenfriedhöfen und Kriegsgräberstätten können daher eine Vorreiterrolle einnehmen, als Katalysatoren dienen und die nur halbherzig vollzogene gesellschaftliche Anerkennung beschleunigen. Von solchen sepulkralen Anlagen, wo zahlreiche Opfer bis heute bestattet liegen, ginge ein Zeichen der offiziellen Akzeptanz aus. Ob sich „historisch bedingte Dichotomien" (Haase 2009, S. 87) zwischen den bis zuletzt kämpfenden Soldaten sowie den bis heute um die Gefallenen trauernden Angehörigen und

© Springer Fachmedien Wiesbaden GmbH 2018
M. Dräger, *Denkmäler für Deserteure,* essentials,
DOI 10.1007/978-3-658-18398-1_9

den überlebenden Deserteuren bzw. den Angehörigen der getöteten Deserteure überwinden lassen, bleibt allerdings fraglich. Möglich erscheint es jedoch, dieses Spannungsverhältnis durch einen Dialog der Konfliktparteien zu reduzieren und auf diese Art und Weise das Verhältnis, soweit möglich, zu harmonisieren. Divergierende Deutungen, konträre Kriegserinnerungen und unterschiedliche Sinnstiftungen kämen auf diese Weise zum Ausdruck. Das kollektive Gedächtnis bzw. die Erinnerungskultur verträgt solche Gegensätze. Es bietet Platz für partikulare Memorabilia verschiedener gesellschaftlicher Gruppen, hält Spannungen sowie historische Komplexität aus. Die genannten Inhalte mögen sich zwar in der Größe der sie betreffenden Gruppe, nicht jedoch im Hinblick auf ihre Qualität als Kriterium für den Eingang ins kollektive Gedächtnis unterscheiden. Auf Soldatenfriedhöfen als Orten der „Versöhnung über den Gräbern" kann dieses hehre Ziel verwirklicht werden; neben der individuellen Trauer würde dort am besten die gesellschaftliche Dimension von Trauer auch um diese Opfergruppe sichtbar.[1] Dadurch, dass sowohl die Betroffenen als auch ihre antagonistischen Altersgenossen, von denen die allermeisten zeitlebens die Diskussion über Fragen von Mitverantwortung, Mitschuld oder gar Verstrickung in nationalsozialistische Kriegsverbrechen gänzlich ablehnten oder negierten, mittlerweile (fast) ausgestorben sind, ist eine Historisierung möglich und nötig geworden. Die Wehrmacht-Deserteure sind mittlerweile kein „heißes Eisen", kein „umkämpftes Terrain" mehr wie noch in den 1990er Jahren, als die generationell unterschiedlichen Ansichten von Zeitzeugen und Nachgeborenen heftig aufeinanderprallten.

Dennoch muss die Frage nach der konkreten Tradition bzw. zukünftigen Rezeption von Deserteur-Denkmälern bzw. ihnen gewidmeten Erinnerungsorten durch die Gesellschaft an dieser Stelle offen bleiben. Denn sie war, ist und bleibt vom historischen Kontext bzw. vom sozialen Bezugsrahmen abhängig.[2] Die jeweilige Gegenwart bestimmt die Perspektive auf die Vergangenheit, deren Interpretation und die Legitimität von Denkmälern. Jede Zeit entscheidet neu darüber, ob ihr der historische Inhalt erinnernswert erscheint und die damit verbundenen Monumente im kulturellen Funktionsgedächtnis bleiben oder ins Speichergedächtnis absinken (Assmann 1995, S. 169–185). Neben dieser grundsätzlichen historischen Kontingenz von Perspektivität unterliegen die Beurteilung von sowie der soziokulturelle Diskurs über „Verrat" natürlich immer auch

---

[1]Zum Konzept der historischen Trauer siehe Rüsen 1996, S. 74–77 und Schulz-Hageleit 2014, S. 151–156.

[2]Zum sozialen Bezugsrahmen siehe Halbwachs 1985, Erll 2003, S. 159, Assmann 2007, S. 157–167 und Moller 2010, S. 85–88.

ideologischen und geschichtspolitischen Instrumentalisierungen. Auch bei aktuellen militärischen Konflikten, z. B. in Syrien oder der Ukraine, wird in der medialen Berichterstattung das Phänomen Desertion erwähnt. Deren Bewertung bzw. die Perspektive darauf wird jedoch vom jeweiligen Standpunkt bestimmt. So lehnte das Münchner Verwaltungsgericht im November 2016 den Asylantrag des US-amerikanischen Soldaten Andre Shepherd, der 2007 desertierte, mit der Begründung ab, dass Desertion für Shepherd nicht die *ultima ratio* gewesen sei, um sich der Beteiligung an eventuellen Kriegsverbrechen im Irak zu entziehen, sondern er sich ebenso hätte versetzen lassen oder den Kriegsdienst hätte verweigern können. Der Oberste Gerichtshof Griechenlands dagegen gewährte im Januar 2017 acht türkischen Soldaten Asyl, die nach dem gescheiterten Militärputsch in der Türkei im Juli 2016 von dort desertiert waren.

Angesichts gegenwärtiger kriegerischer Konflikte und zukünftiger militärischer Herausforderungen fordern die Deserteur-Denkmäler ja eigentlich geradezu Aktualisierung und Transfer. Ihr Charakteristikum bestand in den 1980er Jahren vor allem darin, mindestens ebenso vergangenheits- wie gegenwarts- und zukunftsbewältigend wirken zu wollen. Sie können auch heute noch als Impulsgeber dienen, ihre historische Rückbesinnungsfunktion ist nicht auf die Epoche der europäischen (und transatlantischen) Friedensbewegung der 1980er Jahre beschränkt. Die durch diese Denkmäler angeregte rechtshistorische Aufarbeitung der nationalsozialistischen Justiz ist ein junges Arbeitsgebiet und erst kürzlich wissenschaftlich in Gang gekommen. Beispielhaft dafür sei die bereits erwähnte Rosenburg-Kommission genannt, sie wurde erst 2012 eingesetzt.

Die Aufarbeitung findet jedoch nicht nur in der Wissenschaft statt, sondern die Auseinandersetzung vollzieht sich auch popkulturell auf der Ebene der *public history*. Hier sind die beiden Spielfilme „Der Staat gegen Fritz Bauer"[3] und „Im Labyrinth des Schweigens" zu nennen, der im Englischen übrigens den ebenfalls treffenden Titel „Labyrinth of Lies" trägt.[4] Das wohl spektakulärste und eindrucksvollste Beispiel für die Wandelbarkeit des sozialen Bezugsrahmens stellt die posthume Publikation von Siegfried Lenz' (1926–2014) Roman „Der Überläufer" dar, der eigentlich bereits 1952 erscheinen sollte, aber nicht in das „geistige Klima"

---

[3]„Der Staat gegen Fritz Bauer" (Regie: Lars Kraume), Deutschland 2015. Für Beispiele der filmischen Thematisierung der Wehrmachtjustiz in der Frühzeit der Bundesrepublik siehe Pohl 2010, S. 279–293.

[4]„Im Labyrinth des Schweigens" (Regie: Giulio Ricciarelli), Deutschland 2014.

der damaligen Zeit passte.[5] Die geradezu emphatische Rezeption dieses Werkes durch die gegenwärtige Literaturkritik sorgte für enorme öffentliche Aufmerksamkeit und aktualisierte auf diese Weise gleichsam das Thema Desertion sowie den Diskurs darüber.[6] Bis in die 1980er Jahre war Desertion ein literarisches, politisches und gesellschaftliches Tabu; die Wehrmacht-Deserteure verharrten zwischen den beiden Polen des mächtigen Lügens der ehemaligen Militärjuristen und ihres eigenen ohnmächtigen Schweigens. Ein ehemaliger Wehrmacht-Deserteur formulierte den ab diesem Zeitpunkt eingetretenen Wandel als Oxymoron: „Das Schweigen wird lauter" (Schluckner 2000, S. 126–132). Schließlich brachen Betroffene und Gesellschaft es ganz. Die Leidensgeschichte der Wehrmacht-Deserteure wurde in den vergangenen dreißig Jahren zu großen Teilen aufgearbeitet,[7] sie ist in Form von Denkmälern gegenwärtig. Ob sie zukünftig präsent sein werden und die Errichtung solcher Monumente anhalten wird oder ob sich Deserteur-Denkmäler in einer später vorzunehmenden historischen Rückschau als ein ephemeres und singuläres Phänomen herausstellen werden, lässt sich gegenwärtig nicht prognostizieren und ist von der zukünftigen Entwicklung abhängig. Gerade in ihrer Kontingenz und ihrer Wandlungsfähigkeit liegt schließlich der Reiz von Geschichtsdeutung und Geschichtskultur.

---

[5]Zu Lenz' eigener Desertion siehe Lenz 1997, S. 38–42, Maletzke 2006, S. 28–31 und Kesting 2016, S. 241. Zu Lenz' gescheitertem Versuch, das Tabu-Thema Desertion bereits in den 1950er Jahren – noch vor der Veröffentlichung von Alfred Anderschs „Die Kirschen der Freiheit" – literarisch ins Gespräch zu bringen siehe Lenz 2016, S. 341–351 sowie Weidermann 2016, S. 116–119.

[6]Zur öffentlichen Diskussion siehe exemplarisch Weidermann 2016, S. 116–119.

[7]Den aktuellen Forschungsstand zur Wehrmachtjustiz sowie Hinweise auf Desiderate bietet Bade 2015, S. 7–22.

Was Sie aus diesem *essential* mitnehmen können

- Das Bild der Wehrmacht-Deserteure hat sich mehrfach gewandelt von pflichtvergessenen Vaterlandsverrätern über „Friedenstauben" bis hin zu anerkannten und vollständig rehabilitierten Opfern des Nationalsozialismus.
- Dieser Wandel hat sich auch in der Erinnerungskultur niedergeschlagen, es existieren mittlerweile ca. 50 Deserteur-Denkmäler.
- Obwohl der Appell dieser Denkmäler, friedliche Konfliktlösungen herbeizuführen, zeitlos gültig ist und obwohl sie sozial weitestgehend akzeptiert sind, werden sie kaum rezipiert, da ihre Rezeption vom historischen Kontext abhängig ist, der heute ein anderer als in den 1980er und 1990er Jahren ist.
- Gleichwohl gibt es in der aktuellen Erinnerungskultur bisweilen Anknüpfungspunkte, die Deserteur-Denkmälern und dem Thema Desertion punktuell mediale und gesellschaftliche Aufmerksamkeit bescheren, ohne dass sich ein Trend bzw. eine Rezeptionsprognose erkennen lässt.

© Springer Fachmedien Wiesbaden GmbH 2018
M. Dräger, *Denkmäler für Deserteure,* essentials,
DOI 10.1007/978-3-658-18398-1

Literatur

Abendroth, Elisabeth. 1989. *Deserteure im Zweiten Weltkrieg – Vaterlandsverräter oder Widerständler?*. Oberursel: Publik-Forum-Verlagsgesellschaft.

Aicher, Otl. 1985. *Innenseiten des Kriegs*. Frankfurt a. M.: Fischer.

Albrecht-Hermanns, Marc. 2011. „Seid Sand, nicht das Öl im Getriebe der Welt." Die Würdigung der Deserteure und der Wandel im Heldenbild. *Praxis Geschichte* 2011 (4): 24–27.

Alton, Juliane, Thomas Geldmacher, Magnus Koch, und Hannes Metzler. 2016. *„Verliehen für die Flucht vor den Fahnen"*. *Das Denkmal für die Verfolgten der NS-Militärjustiz in Wien*. Göttingen: Wallstein.

Andersch, Alfred. 1952. *Die Kirschen der Freiheit. Ein Bericht*. Frankfurt a. M.: Frankfurter Verlagsanstalt.

Anon. 1984. Erstklassige Beerdigung. Die geheimen Kriegsrichterübungen für den nächsten Weltkrieg werden abgeblasen. *Der Spiegel* 27:85.

Anon. 1987. Schwarze Roben, weiße Halsbinden. Schubladengesetze für eine Militärjustiz der Bundeswehr. *Der Spiegel* 44:125–128.

Assmann, Aleida. 1995. Funktionsgedächtnis und Speichergedächtnis – Zwei Modi der Erinnerung. In *Generation und Gedächtnis. Erinnerungen und kollektive Identitäten*, Hrsg. Kristin Platt und Mihran Dabag, 169–185. Opladen: Leske + Budrich.

Assmann, Aleida. 2007. *Der lange Schatten der Vergangenheit. Erinnerungskultur und Geschichtspolitik*. Bonn: Bundeszentrale für politische Bildung.

Assmann, Aleida. 2013. *Das neue Unbehagen an der Erinnerungskultur. Eine Intervention*. München: Beck.

Ausländer, Fietje, Hrsg. 1990. *Verräter oder Vorbilder? Deserteure und ungehorsame Soldaten im Nationalsozialismus*. Bremen: Edition Temmen.

Bade, Claudia. 2011. „Als Hüter wahrer Disziplin …". Netzwerke ehemaliger Wehrmachtjuristen und ihre Geschichtspolitik. In *Wehrmachtrichter in der Bundesrepublik und ihre Opfer*, Hrsg. Joachim Perels und Wolfram Wette, 124–139. Berlin: Aufbau.

Bade, Claudia. 2015. Die Wehrmachtjustiz im Zweiten Weltkrieg: Forschungsüberblick und Perspektiven. Eine Einführung. In *NS-Militärjustiz im Zweiten Weltkrieg. Disziplinierungs- und Repressionsinstrument in europäischer Dimension*, Hrsg. Claudia Bade, Lars Skowronski, und Michael Viebig, 7–22. Göttingen: Vandenhoeck & Ruprecht.

© Springer Fachmedien Wiesbaden GmbH 2018
M. Dräger, *Denkmäler für Deserteure*, essentials,
DOI 10.1007/978-3-658-18398-1

Baumann, Ludwig. 1993. Die „Bundesvereinigung Opfer der NS-Militärjustiz" als Vertretung der Betroffenen. In *Dem Tode entronnen. Zeitzeugeninterviews mit Überlebenden der NS-Militärjustiz. Das Schicksal der Kriegsdienstverweigerer und Deserteure unter dem Nationalsozialismus und ihre unwürdige Behandlung im Nachkriegsdeutschland*, Hrsg. Günter Saathoff, Michael Eberlein, und Roland Müller, 15–18. Köln: Heinrich-Böll-Stiftung.

Baumann, Ludwig. 2007. Vorwort. In *Ehrlos für immer? Die Rehabilitierung der Deserteure der Wehrmacht. Ein Vergleich von Deutschland und Österreich unter Berücksichtigung von Luxemburg*, Hrsg. Hannes Metzler, 10–11. Wien: Mandelbaum.

Baumann, Ludwig. 2010. Desertion unterm Hakenkreuz. Bericht eines Wehrmachtdeserteurs über seine Verfolgung, seinen Kampf um Rehabilitierung und die Aktualität des Themas heute. In *Deserteure, Wehrkraftzersetzer und ihre Richter. Marburger Zwischenbilanz zur NS-Militärjustiz vor und nach 1945*, Hrsg. Albrecht Kirschner, 19–31. Marburg: Historische Kommission für Hessen.

Baumann, Ludwig. 2011. Ein Kampf um Würde. Die Bundesvereinigung „Opfer der NS-Militärjustiz". In *Mit reinem Gewissen. Wehrmachtrichter in der Bundesrepublik und ihre Opfer*, Hrsg. Joachim Perels und Wolfram Wette, 325–336. Berlin: Aufbau.

Baumann, Ulrich, Magnus Koch, und Stiftung Denkmal für die ermordeten Juden Europas. 2008. *„Was damals Recht war …". Soldaten und Zivilisten vor Gerichten der Wehrmacht*. Berlin: Bebra.

Becker-Schaum, Christoph. 2012. Die Grünen und die Friedensbewegung. In *Grünes Gedächtnis*, Hrsg. Heinrich-Böll-Stiftung, 54–66. Berlin: Heinrich-Böll-Stiftung.

Böll, Heinrich. 1953. Wo sind die Deserteure? Tausende hingen an den Bäumen – Die Henker hauen auf die Pauke – Warum schweigen die Überlebenden? *Aufwärts. Jugendzeitschrift des Deutschen Gewerkschaftsbundes* 6 (3): 1.

Bonner Friedensplenum. 1989. *Für die unbekannten Deserteure. Dokumentation zum Projekt*. Bonn: Selbstverlag.

Braese, Stephan. 2001. Unmittelbar zum Krieg – Alfred Andersch und Franz Fühmann. In *Nachkrieg in Deutschland*, Hrsg. Klaus Naumann, 472–497. Hamburg: Hamburger Edition HIS Verlagsgesellschaft.

Bruck, Peter. 2009. Denkmäler für österreichische Wehrmachtsdeserteure – Widersprüche und Mängel heimischer Vergangenheitsaufarbeitung. http://othes.univie.ac.at/3274/. Zugegriffen: 11. Apr. 2017.

Demmer, Ulrike. 2012. Gefährliche Nähe. Die Koalition plant eine Spezialstaatsanwaltschaft für die Bundeswehr. Kritiker fürchten eine Wiedereinführung der Militärjustiz durch die Hintertür. *Der Spiegel* 24:33–34.

Dingel, Frank. 1989. „Dem unbekannten Deserteur". Auseinandersetzungen um eine neue Form von Gedenkstätten. In *Jahrbuch Frieden 1990. Ereignisse – Entwicklungen – Analysen*, Hrsg. Hanne-Margret Birckenbach, Uli Jäger, und Christian Wellmann, 227–234. München: Beck.

Dingel, Frank. 1990. Denk-Mal oder monumentales Geschichtsbild Herrschender. Die Funktion historischer Denkmäler und der Streit um Gedenktafeln für Deserteure. *Frankfurter Rundschau* 16:11 (19.01.1990).

Dräger, Marco. 2013. „Land ohne Erinnerung" oder Kampf der Erinnerungen? Das Ehrenmal des Infanterie-Regiments Nr. 82 und sein Sturm. In *Göttinger Jahrbuch 60* (2012), Hrsg. Geschichtsverein für Göttingen und Umgebung e. V., 295–325. Göttingen: Verlag Die Werkstatt.

Dräger, Marco. 2013. Denkmäler für Deserteure? Exemplarische Pro- und Contra-Diskussion im Unterricht. *Geschichte lernen* 2013 (151): 22–27.

Dräger, Marco. 2014. Generation(en) und Geschichte(n) – Generationelle Auseinandersetzungen in der Geschichtskultur am Beispiel der Etablierung von Deserteur-Denkmälern. In *Geschichtslernen in biographischer Perspektive. Nachhaltigkeit – Entwicklung – Generationendifferenz*, Hrsg. Michael Sauer, Charlotte Bühl-Gramer, Anke John, Marko Demantowsky, und Alfons Kenkmann, 87–99. Göttingen: Vandenhoeck & Ruprecht.

Dräger, Marco. 2015a. Unbekannt, unerwünscht und unvergessen? Anmerkungen zu einer historischen Spurensuche zum kommunistischen Widerstandskämpfer Ernst Fischer, zu seinem Verfahren vor dem Reichskriegsgericht und zu seiner Gedenktafel. In *Göttinger Jahrbuch 62* (2014), Hrsg. Geschichtsverein für Göttingen und Umgebung e. V., 221–242. Göttingen: Verlag Die Werkstatt.

Dräger, Marco. 2015b. Dem Deserteur ein Denkmal! Die Erinnerung an die Wehrmacht-Deserteure und ihre historische Erforschung. *DAMALS. Das Magazin für Geschichte* 2015 (3): 43–44.

Dräger, Marco. 2017a. Der Umgang mit Opfern der Wehrmachtjustiz auf Soldatenfriedhöfen und Kriegsgräberstätten 1939–2015. Ein Überblick. http://www.riha-journal.org/articles/2017. Zugegriffen: 24. Mai 2017.

Dräger, Marco. 2017b. *Deserteur-Denkmäler in der Geschichtskultur der Bundesrepublik Deutschland*. Frankfurt a. M.: Peter Lang.

Dräger, Marco. 2017c. Monuments for deserters!? The changing face of Wehrmacht deserters in Germany and their gradual entry into Germany's memory culture. In *Formulas of Betrayal. Traitors, Collaborators and Deserters in Contemporary European Politics of Memory*, Hrsg. Gelinada Grinchenko und Eleonora Narvselius, im Erscheinen. Basingstoke: Palgrave Macmillan.

Egloffstein, Albrecht Graf. 1989. Das Denkmal – Versuch einer Begriffsbestimmung. In *Denkmal – Zeichen – Monument. Skulptur und öffentlicher Raum heute*, Hrsg. Ekkehard Mai und Gisela Schmirber, 38–41. München: Prestel.

Erll, Astrid. 2003. Kollektives Gedächtnis und Erinnerungskulturen. In *Konzepte der Kulturwissenschaften. Theoretische Grundlagen – Ansätze – Perspektiven*, Hrsg. Ansgar Nünning und Vera Nünning, 156–185. Stuttgart: Metzler.

Fahle, Günter. 1990. *Verweigern – Weglaufen – Zersetzen. Deutsche Militärjustiz und ungehorsame Soldaten 1939–1945. Das Beispiel Ems-Jade*. Bremen: Edition Temmen.

Garbe, Detlef. 2000. Im Namen des Volkes?! Die rechtlichen Grundlagen der Militärjustiz im NS-Staat und ihre „Bewältigung" nach 1945. In *Erinnerungsarbeit. Grundlage einer Kultur des Friedens*, Hrsg. Bernhard Nolz und Wolfgang Popp. 93–124. Münster: LIT.

Garbe, Detlef. 2011. Prof. Dr. Erich Schwinge. Der ehemalige Kommentator und Vollstrecker nationalsozialistischen Kriegsrechts als Apologet der Wehrmachtjustiz nach 1945. In *Mit reinem Gewissen. Wehrmachtrichter in der Bundesrepublik und ihre Opfer*, Hrsg. Joachim Perels und Wolfram Wette, 140–155. Berlin: Aufbau.

Geldmacher, Thomas. 2008. Von der Verweigerung des Gleichschritts. Deutsche und österreichische Wehrmachtsdeserteure nach 1945. *Wiener Zeitschrift zur Geschichte der Neuzeit* 8 (2): 72–87.

Geldmacher, Thomas, Magnus Koch, Hannes Metzler, Peter Pirker, und Lisa Rettl, Hrsg. 2010. *„Da machen wir nicht mehr mit …". Österreichische Soldaten und Zivilisten vor Gerichten der Wehrmacht*. Wien: Mandelbaum.

Giordano, Ralph. 1987. *Die zweite Schuld oder von der Last ein Deutscher zu sein.* Hamburg: Rasch & Röhring.

Giordano, Ralph. 2013. *Der perfekte Mord. Die deutsche Justiz und die NS-Vergangenheit. Mit einem Geleitwort von Frau Bundesministerin Leutheusser-Schnarrenberger.* Göttingen: Vandenhoeck & Ruprecht.

Görtemaker, Manfred, und Christoph Safferling. 2016. *Die Akte Rosenburg. Das Bundesministerium der Justiz und die NS-Zeit.* München: Beck.

Gross, Raphael, und Werner Konitzer. 1999. Geschichte und Ethik. Zum Fortwirken der nationalsozialistischen Moral. *Mittelweg 36* 8 (4): 44–67.

Haase, Norbert. 1987. *Deutsche Deserteure.* Berlin: Rotbuch.

Haase, Norbert. 1990. Die Zeit der Kirschblüten… Zur aktuellen Denkmalsdebatte und zur Geschichte der Desertion im Zweiten Weltkrieg. In *Verräter oder Vorbilder? Deserteure und ungehorsame Soldaten im Nationalsozialismus,* Hrsg. Fietje Ausländer, 130–156. Bremen: Edition Temmen.

Haase, Norbert. 2009. Opfer der NS-Militärjustiz auf dem Waldfriedhof Halbe. In *Mittel- und langfristige Perspektiven für den Waldfriedhof Halbe. Abschlussbericht der Expertenkommission und Beiträge,* Hrsg. Günter Morsch, 80–87. Berlin: Metropol.

Halbwachs, Maurice. 1985. *Das Gedächtnis und seine sozialen Bedingungen. Aus dem Französischen von Lutz Geldsetzer.* Frankfurt a. M.: Suhrkamp.

Hartmann, Christian, Thomas Vordermayer, Othmar Plöckinger, und Roman Töppel, Hrsg. 2016. *Hitler, Mein Kampf. Eine kritische Edition,* Bd. 2. München: Institut für Zeitgeschichte.

Hirzel, Johannes. 1953. Wenn ein Deserteur spricht. Anderschs „Kirschen der Freiheit" in der deutschen Kritik. *Frankfurter Hefte. Zeitschrift für Kultur und Politik* 8 (9): 709–715.

Hitler, Adolf. 1927. *Die nationalsozialistische Bewegung,* Bd. 2, Mein Kampf. München: Eher.

Hoffmann, Gabriele. 1986. *Heinrich Böll.* Bornheim-Merten: Lamuv.

Jureit, Ulrike, und Christian Schneider. 2010. *Gefühlte Opfer. Illusionen der Vergangenheitsbewältigung.* Bundeszentrale für politische Bildung: Bonn.

Kammler, Jörg. 1990. Deserteure. Zeitgeschichtliche und aktuelle Anmerkungen zu einer antimilitaristischen Leitfigur. In *Geschichte von unten. Modelle alternativer Geschichtsschreibung,* Hrsg. Bernd Jaspert, 150–178. Hofgeismar: Evangelische Akademie.

Kesting, Hanjo. 2016. *Begegnungen mit Siegfried Lenz. Essays, Gespräche, Erinnerungen.* Göttingen: Wallstein.

Knippschild, Dieter. 1998. Deserteure im Zweiten Weltkrieg: Der Stand der Debatte. In *Armeen und ihre Deserteure. Vernachlässigte Kapitel einer Militärgeschichte der Neuzeit,* Hrsg. Ulrich Bröckling und Michael Sikora, 222–251. Göttingen: Vandenhoeck & Ruprecht.

Knobloch, Clemens. 2005. Krieg und Gedächtnisverlust. Über den rasanten Umbau kriegslegitimierender Motive in der deutschen Öffentlichkeit. In *Krieg und Gedächtnis. Ein Ausnahmezustand im Spannungsfeld kultureller Sinnkonstruktionen,* Hrsg. Waltraud Wende, 402–420. Würzburg: Königshausen & Neumann.

Koch, Magnus. 2008. *Fahnenfluchten. Deserteure der Wehrmacht im Zweiten Weltkrieg – Lebenswege und Entscheidungen.* Paderborn: Schöningh.

Koch, Magnus. 2010. Prägung – Erfahrung – Situation. Überlegungen zur Frage, warum Wehrmachtssoldaten ihre Truppe verließen. In *Deserteure, Wehrkraftzersetzer und ihre Richter. Marburger Zwischenbilanz zur NS-Militärjustiz vor und nach 1945*, Hrsg. Albrecht Kirschner, 149–161. Marburg: Historische Kommission für Hessen.

Koch, Magnus. 2016. Denkmäler vermitteln. Gedenken und Informieren rund um das Denkmal für die Verfolgten der NS-Militärjustiz am Ballhausplatz. In *„Verliehen für die Flucht vor den Fahnen". Das Denkmal für die Verfolgten der NS-Militärjustiz in Wien*, Hrsg. Juliane Alton, Thomas Geldmacher, Magnus Koch, und Hannes Metzler, 70–83. Göttingen: Wallstein.

Kohlhofer, Reinhard, und Reinhard Moos, Hrsg. 2003. *Österreichische Opfer der NS-Militärgerichtsbarkeit. Rehabilitierung und Entschädigung.* Wien: Verlag Österreich.

Konitzer, Werner. 2012. Opferorientierung und Opferidentifizierung. Überlegungen zu einer begrifflichen Unterscheidung. In *Das Unbehagen an der Erinnerung. Wandlungsprozesse im Gedenken an den Holocaust*, Hrsg. Ulrike Jureit, Christian Schneider, und Margrit Frölich, 119–127. Frankfurt a. M.: Brandes und Apsel.

Korte, Jan, und Dominic Heilig, Hrsg. 2011. *Kriegsverrat. Vergangenheitspolitik in Deutschland. Analysen, Kommentare und Dokumente einer Debatte.* Berlin: Dietz.

Kraft, Thomas. 1994. *Fahnenflucht und Kriegsneurose. Gegenbilder zur Ideologie des Kampfes in der deutschsprachigen Literatur nach dem Zweiten Weltkrieg.* Würzburg: Königshausen und Neumann.

Kramer, Helmut. 2011. Kriegsjustiz durch die Hintertür. In *Mit reinem Gewissen. Wehrmachtrichter in der Bundesrepublik und ihre Opfer*, Hrsg. Joachim Perels und Wolfram Wette, 356–373. Berlin: Aufbau.

Kramer, Helmut. 2012. Tempi passati? Oder warum wir uns als Juristen heute besonders im Kampf gegen die Kriegsgefahr engagieren können und müssen. *Betrifft Justiz* 112:395–399.

Kypke, Herta. 1990. Deserteur-Initiativen. *Friedensklärchen. Nachrichten aus der Bonner Friedensbewegung* 9 (6): 6–8 (Juni 1990).

Leif, Thomas. 1990. *Die strategische (Ohn-)Macht der Friedensbewegung. Kommunikations- und Entscheidungsstrukturen in den achtziger Jahren.* Opladen: Westdeutscher Verlag.

Lenz, Siegfried. 1997. Ich zum Beispiel. Kennzeichen eines Jahrgangs. *Essays 1955–1982*, Werkausgabe in Einzelbänden, Bd. 19, 11–51. Hamburg: Hoffmann und Campe.

Lenz, Siegfried. 2016. *Der Überläufer.* Hamburg: Hoffmann & Campe.

Lurz, Meinhold. 1986. *Kriegerdenkmäler in Deutschland*, Drittes Reich, Bd. 5. Heidelberg: Esprint.

Maletzke, Erich. 2006. *Siegfried Lenz. Eine biographische Annäherung.* Springe: Zu Klampen.

Manoschek, Walter, Hrsg. 2003. *Opfer der NS-Militärjustiz. Urteilspraxis – Strafvollzug – Entschädigungspolitik in Österreich.* Wien: Mandelbaum.

Messerschmidt, Manfred. 2008. *Die Wehrmachtjustiz 1933–1945*, 2. Aufl. Paderborn: Schöningh.

Messerschmidt, Manfred, und Fritz Wüllner. 1987. *Die Wehrmachtjustiz im Dienste des Nationalsozialismus. Zerstörung einer Legende.* Baden-Baden: Nomos.

Metzler, Hannes. 2007. *Ehrlos für immer? Die Rehabilitierung der Deserteure der Wehrmacht. Ein Vergleich von Deutschland und Österreich unter Berücksichtigung von Luxemburg.* Wien: Mandelbaum.

Mittig, Hans-Ernst. 1987. Das Denkmal. In *Kunst. Die Geschichte ihrer Funktionen*, Hrsg. Werner Busch und Peter Schmoock, 457–489. Weinheim: Quadriga.

Moller, Sabine. 2010. Das kollektive Gedächtnis. In *Gedächtnis und Erinnerung. Ein interdisziplinäres Handbuch*, Hrsg. Christian Gudehus, Ariane Eichenberg, und Harald Welzer, 85–92. Stuttgart: Metzler.

Müller, Roland. 2007. Ein Lob der Feigheit. Deserteur-Denkmale in der Bundesrepublik Deutschland. In *Creating Identities. Die Funktion von Grabmalen und öffentlichen Denkmalen in Gruppenbildungsprozessen*, Hrsg. Reiner Sörries und Stefanie Knöll, 262–269. Kassel: Arbeitsgemeinschaft Friedhof und Denkmal.

Musil, Robert. 1978. Denkmale. In *Prosa und Stücke, Kleine Prosa, Aphorismen, Autobiographische Essays und Reden, Kritik*, Hrsg. Adolf Frisé, Robert Musil. Gesammelte Werke, Bd. 2, 506–509. Reinbek: Rowohlt.

Nehring, Holger. 2008. Frieden als Zivilität: Friedenspolitische Interventionen von Hans Werner Richter und Alfred Andersch in der unmittelbaren Nachkriegszeit. In *Alternativen zur Wiederbewaffnung. Friedenskonzeptionen in Westdeutschland 1945–1955*, Hrsg. Detlef Bald und Wolfram Wette, 139–153. Essen: Klartext.

Paul, Gerhard. 1994. *Ungehorsame Soldaten Dissens, Verweigerung und Widerstand deutscher Soldaten 1939–1945*. St. Ingbert: Röhrig.

Paul, Gerhard. 1999. Feigheit oder Widerstand? Desertation [sic!] in der deutschen Wehrmacht. *Praxis Geschichte* 1999 (2): 36–39.

Paul, Gerhard. 2003. „Deserteure – Wehrkraftzersetzer – Kapitulanten". Die Opfer der NS-Wehrmachtjustiz. In *Dimensionen der Verfolgung. Opfer und Opfergruppen im Nationalsozialismus*, Hrsg. Sibylle Quack, 167–202. München: Deutsche Verlags-Anstalt.

Peifer, Douglas C. 2007. The past in the present: Passion, politics, and the historical profession in the German and British pardon campaigns. *The Journal of Military History* 71 (4): 1107–1132.

Perels, Joachim. 1995. Die schrittweise Rechtfertigung der NS-Justiz. Der Huppenkothen-Prozeß. In *Politik – Verfassung – Gesellschaft. Otwin Massing zum 60. Geburtstag*, Hrsg. Peter Nahamowitz und Stefan Breuer, 51–65. Baden-Baden: Nomos.

Perels, Joachim. 1996. Späte Entlegitimierung der NS-Justiz. *Kritische Justiz* 29:504–510.

Perels, Joachim. 1999. *Das juristische Erbe des „Dritten Reiches". Beschädigungen der demokratischen Rechtsordnung*. Frankfurt a. M.: Campus.

Perels, Joachim. 2004. Wahrnehmung und Verdrängung von NS-Verbrechen durch die Justiz. In *Massenhaftes Töten. Kriege und Genozide im 20. Jahrhundert*, Hrsg. Peter Gleichmann und Thomas Kühne, 361–371. Essen: Klartext.

Perels, Joachim. 2011. Die Ausschaltung des Justizapparats der NS-Diktatur – Voraussetzung des demokratischen Neubeginns. In *Mit reinem Gewissen. Wehrmachtrichter in der Bundesrepublik und ihre Opfer*, Hrsg. Joachim Perels und Wolfram Wette, 22–40. Berlin: Aufbau.

Perels, Joachim, und Wolfram Wette. 2011. Aushöhlung des demokratischen Rechtsstaats durch Wehrmachtjuristen? Ein unbekanntes Kapitel der Geschichte der Bundesrepublik. In *Mit reinem Gewissen. Wehrmachtrichter in der Bundesrepublik und ihre Opfer*, Hrsg. Joachim Perels und Wolfram Wette, 9–21. Berlin: Aufbau.

Pirker, Peter, und Johannes Kramer. 2017. From traitors to role models? Rehabilitation and memorialization of Wehrmacht deserters in Austria. In *Formulas of Betrayal. Traitors, Collaborators and Deserters in Contemporary European Politics of Memory*, Hrsg.

Gelinada Grinchenko und Eleonora Narvselius, im Erscheinen. Basingstoke: Palgrave Macmillan.

Pohl, Astrid. 2010. „Haltung bewahren". NS-Kriegsgerichtsbarkeit im westdeutschen Kino der 1950er Jahre. In *Deserteure, Wehrkraftzersetzer und ihre Richter. Marburger Zwischenbilanz zur NS-Militärjustiz vor und nach 1945*, Hrsg. Albrecht Kirschner, 279–293. Marburg: Historische Kommission für Hessen.

Richter, Saskia. 2011. Der Protest gegen den NATO-Doppelbeschluss und die Konsolidierung der Partei Die Grünen zwischen 1979 und 1983. In *Zweiter Kalter Krieg und Friedensbewegung. Der NATO-Doppelbeschluss in deutsch-deutscher und internationaler Perspektive*, Hrsg. Philipp Gassert, Tim Geiger, und Hermann Wentker, 229–245. München: Oldenbourg.

Rottleuthner, Hubert. 2010. *Karrieren und Kontinuitäten deutscher Justizjuristen vor und nach 1945*. Berlin: Berliner Wissenschaftsverlag.

Roussety, Jacqueline. 2011. Der Politiker Hans K. Filbinger und der Soldat Walter Kröger. Ein Essay. In *Mit reinem Gewissen. Wehrmachtrichter in der Bundesrepublik und ihre Opfer*, Hrsg. Joachim Perels und Wolfram Wette, 98–114. Berlin: Aufbau.

Rüsen, Jörn. 1989. *Lebendige Geschichte. Formen und Funktionen des historischen Wissens*. Göttingen: Vandenhoeck & Ruprecht.

Rüsen, Jörn. 1990. *Zeit und Sinn. Strategien historischen Denkens*. Frankfurt a. M.: Fischer.

Rüsen, Jörn. 1996. Trauer als historische Kategorie. Überlegungen zur Erinnerung an den Holocaust in der Geschichtskultur der Gegenwart. In *Erlebnis – Gedächtnis – Sinn. Authentische und konstruierte Erinnerung*, Hrsg. Hanno Loewy und Bernhard Moltmann, 57–78. Frankfurt a. M.: Campus.

Sabrow, Martin. 2012. Held und Opfer. Zum Subjektwandel deutscher Vergangenheitsverständigung im 20. Jahrhundert. In *Das Unbehagen an der Erinnerung. Wandlungsprozesse im Gedenken an den Holocaust*, Hrsg. Ulrike Jureit, Christian Schneider, und Margrit Frölich, 37–54. Frankfurt a. M.: Brandes & Apsel.

Scheurig, Bodo. 1979. Desertion und Deserteure. *Frankfurter Hefte. Zeitschrift für Kultur und Politik* 34 (4): 38–43.

Schluckner, Horst. 2000. Das Schweigen wird lauter! In *„Ich musste selber etwas tun". Deserteure – Täter und Verfolgte im Zweiten Weltkrieg*, Hrsg. Geschichtswerkstatt Marburg e. V., 126–132. Marburg: Schüren.

Schregel, Susanne. 2009. Konjunktur der Angst. „Politik der Subjektivität" und „neue Friedensbewegung", 1979–1983. In *Angst im Kalten Krieg*, Hrsg. Bernd Greiner, Christian Th. Müller, und Dierk Walter, 495–520. Hamburg: Hamburger Edition.

Schregel, Susanne. 2011. *Der Atomkrieg vor der Wohnungstür. Eine Politikgeschichte der neuen Friedensbewegung in der Bundesrepublik 1970–1985*. Frankfurt a. M.: Campus.

Schulz-Hageleit, Peter. 2014. Können wir aus der Geschichte lernen? Trauer als psychohistorische Utopie. In *Alternativen in der historischen Bildung. Mainstream der Geschichte: Erkundungen – Kritik – Unterricht*, Hrsg. Peter Schulz-Hageleit, 151–156. Schwalbach/Ts: Wochenschau.

Schweling, Otto Peter. 1977. *Die deutsche Militärjustiz in der Zeit des Nationalsozialismus, bearbeitet, eingeleitet und herausgegeben von Erich Schwinge*. Marburg: Elwert.

Seidler, Franz W. 1993. *Fahnenflucht. Der Soldat zwischen Eid und Gewissen*. München: Herbig.

Spring, Karen Birgit. 2008. *Brauchen wir in Deutschland eine Militärgerichtsbarkeit?* Baden-Baden: Nomos.

Springer, Peter. 1989. Denkmal und Gegendenkmal. In *Denkmal – Zeichen – Monument. Skulptur und öffentlicher Raum heute*, Hrsg. Ekkehard Mai und Gisela Schmirber, 92–102. München: Prestel.

Springer, Peter. 2009. Denkmal und Gegendenkmal. In *Denkmal und Gegendenkmal*, Hrsg. Peter Springer, 297–314. Bremen: Aschenbeck Media.

Springer, Peter. 2009. Countermonuments and Dialogical Contrast. In *Denkmal und Gegendenkmal*, Hrsg. Peter Springer, 329–333. Bremen: Aschenbeck Media.

Stephan, Winfried. 2002. *Die Kirschen der Freiheit von Alfred Andersch Materialien zu einem Buch und seiner Geschichte*. Zürich: Diogenes.

Surmann, Rolf. 1999. Filbinger, NS-Militärjustiz und deutsche Kontinuitäten. In *Der lange Schatten der NS-Diktatur. Texte zur Debatte um Raubgold und Entschädigung*, Hrsg. Rolf Surmann und Dieter Schröder, 103–114. Münster: Unrast.

Tempel, Jutta. 2012. *Entfernung von der Wehrmacht. Deserteure und wehrpflichtige Regimegegner in der Nachkriegsliteratur von Autoren der Gruppe 47*. Norderstedt: GRIN.

Tomberger, Corinna. 2007. *Das Gegendenkmal. Avantgardekunst, Geschichtspolitik und Geschlecht in der bundesdeutschen Erinnerungskultur*. Bielefeld: Transcript.

Venhaus, Ruth, und Jürgen Venhaus. 1989. Ein Denkmal für Deserteure? *Geschichte lernen* 1989 (8): 34–38.

Von dem Knesebeck, Rosemarie. 1980. *Sachen Filbinger gegen Hochhuth. Die Geschichte einer Vergangenheitsbewältigung*. Reinbek: Rowohlt.

Von der Ohe, Axel. 2008. Der Bundesgerichtshof und die NS-Justizverbrechen. In *Erfolgsgeschichte Bundesrepublik? Die Nachkriegsgesellschaft im langen Schatten des Nationalsozialismus*, Hrsg. Stephan Alexander Glienke, Volker Paulmann, und Joachim Perels, 293–318. Göttingen: Wallstein.

Vultejus, Ulrich. 1984. *Kampfanzug unter der Robe. Kriegsgerichtsbarkeit des Zweiten und Dritten Weltkrieges*. Buntbuch: Hamburg.

Waltenbacher, Thomas. 2008. *Zentrale Hinrichtungsstätten. Der Vollzug der Todesstrafe in Deutschland 1937–1945*. Berlin: Zwilling.

Weidermann, Volker. 2016. Der Feind im Buch. *Der Spiegel* 9:116–119.

Welch, Steven R. 2012. Commemorating 'Heroes of a special kind': Deserter monuments in Germany. *Journal of Contemporary History* 47 (2): 370–401.

Wenzke, Rüdiger. 1998. Die Fahnenflucht in den Streitkräften der DDR. In *Armeen und ihre Deserteure. Vernachlässigte Kapitel einer Militärgeschichte der Neuzeit*, Hrsg. Ulrich Bröckling und Michael Sikora, 252–287. Göttingen: Vandenhoeck & Ruprecht.

Wette, Wolfram, Hrsg. 1995. *Deserteure der Wehrmacht. Feiglinge – Opfer – Hoffnungsträger. Dokumentation eines Meinungswandels*. Essen: Klartext.

Wette, Wolfram. 2004. Deserteure der Wehrmacht rehabilitiert. Ein exemplarischer Meinungswandel in Deutschland (1980–2002). *Zeitschrift für Geschichtswissenschaft* 52 (6): 505–527.

Wette, Wolfram, Hrsg. 2006. *Filbinger – Eine deutsche Karriere*. Springe: zu Klampen.

Wette, Wolfram, und Detlef Vogel, Hrsg. 2007. *Das letzte Tabu. NS-Militärjustiz und „Kriegsverrat"*. Bonn: Bundeszentrale für Politische Bildung.

Wijsenbeek, Dinah. 2010. *Denkmal und Gegendenkmal. Über den kritischen Umgang mit der Vergangenheit auf dem Gebiet der bildenden Kunst*. München: Meidenbauer.

Young, James E. 1992. The counter-monument: Memory against itself in Germany today. *Critical Inquiry* 18 (2): 267–296.

Ziemann, Benjamin. 1999. Fluchten aus dem Konsens zum Durchhalten. Ergebnisse, Probleme und Perspektiven der Erforschung soldatischer Verweigerungsformen in der Wehrmacht 1939–1945. In *Die Wehrmacht. Mythos und Realität*, Hrsg. Rolf-Dieter Müller und Hans-Erich Volkmann, 589–613. München: Oldenbourg.

Homepages zu Deserteur-Denkmälern in Deutschland

http://www.museenkoeln.de/ns-dokumentationszentrum/default.aspx?s=1887 Zugegriffen: 24. Mai 2017.

http://deserteursdenkmal.at/wordpress/1-hintergrund/denkmaeler-im-deutschland/ Zugegriffen: 24. Mai 2017.